AF648144

JOACHIM BAUER

Realitätsverlust

JOACHIM BAUER

REALITÄTS VERLUST

Wie KI und virtuelle Welten von uns Besitz ergreifen und die Menschlichkeit bedrohen

HEYNE

Der Verlag behält sich die Verwertung der urheberrechtlich geschützten Inhalte dieses Werkes für Zwecke des Text- und Data-Minings nach § 44 b UrhG ausdrücklich vor. Jegliche unbefugte Nutzung ist hiermit ausgeschlossen.

MIX
Papier | Fördert gute Waldnutzung
FSC® C014496

Penguin Random House Verlagsgruppe FSC® N001967

3. Auflage
Originalausgabe 2023

Copyright © 2023 by Wilhelm Heyne Verlag, München,
in der Penguin Random House Verlagsgruppe GmbH,
Neumarkter Straße 28, 81673 München
Umschlaggestaltung: DAS ILLUSTRAT, München,
unter Verwendung eines Motivs von Shutterstock.com (VAlex)
Satz: Satzwerk Huber, Germering
Druck und Bindung: GGP Media GmbH, Pößneck
Printed in Germany
ISBN: 978-3-453-21853-6

www.heyne.de

Meinen beiden Enkeln Jolie Sol und Henry
und den Kindern ihrer Generation

Inhalt

Vorwort

Wenn wir sie als Werkzeuge benutzen, anstatt uns zu ihren Werkzeugen machen zu lassen, können digitale Produkte unser Leben bereichern. Doch wir sind dabei, den Kipp-Punkt zu überschreiten.

Digitale Angebote haben begonnen, unser Leben in Besitz zu nehmen. Ohne dass es uns auffällt, nehmen sie uns sanft an die Hand und ersetzen die analoge, zwischenmenschliche Realität mit ihren digitalen Kommunikationskanälen und Erlebnisräumen. Der Wandel kommt wie eine Hilfestellung einher: Man hilft uns beim Gehen, bis wir nicht mehr gehen können. Man hilft uns beim Denken, bis wir nicht mehr denken können.

Chat-GPT, Bard, DALL-E, Midjourney: Eine merkwürdige Ehrfurcht vor der Potenz der digitalen Angebote und der Glaube an ihre Versprechungen haben nicht nur Millionen Konsumenten erfasst, sondern auch akademische Kreise und wissenschaftliche Kommissionen. Zugleich versucht das Narrativ des Transhumanismus, eine gefährliche digitale Mystik, die Grenzen zwischen Realität und Virtualität verschwimmen zu lassen.

Hinter dem Austausch der Wirklichkeit durch Simulationen stehen Machtinteressen und Geschäftsmodelle. Die Realität nicht infrage zu stellen, ist eine Voraussetzung für die Bewahrung der Humanität. Mit diesem Buch möchte ich einem im Gang befindlichen hypnotischen Prozess, der uns in jene Unmündigkeit zurückführen soll, aus dem uns die Aufklärung einst herausgeführt hatte, etwas entgegensetzen.

Berlin, im Frühjahr 2023

1. KAPITEL

Zurück hinter die Aufklärung? Ein Phänomen namens »Digitale Mystik«

Meistens verzeiht das Leben, wenn Menschen kurz aus der Realität gehen. Körperlich anwesend und geistig abgelenkt, »woanders« oder abwesend zu sein, sind kleine Realitätsverluste. Sie sind jedem Menschen wohlbekannt. Sie treten vermehrt dann auf, wenn die Realität uns durch Langeweile unterfordert, durch Ödnis abstößt oder wenn sie uns Zumutungen oder Schmerzen aussetzt, die uns überfordern. Es gibt unterschiedliche Formen und Schweregrade geistiger Abwesenheit. Man kann bekanntlich »da sein« und zugleich doch »nicht da sein«. Kinder erleben das nicht selten, wenn sie ihre Eltern oder andere Bezugspersonen ansprechen und dann feststellen, dass die erwachsene Person »mit ihren Gedanken woanders« (zum Beispiel mit dem Handy beschäftigt) ist und auf Ansprache nicht reagiert. Die Tendenz des Menschen, geistig woanders, also nicht da zu sein, wo er körperlich ist, steht in engem Zusammenhang mit der realen Situation, in der sich eine Person befindet. Kinder und Jugendliche, denen es gut geht, weil die Realität ihnen etwas zu bieten hat, zeigen sich geistig in der Regel präsent. Wenn ein Kind plötzlich vermehrt abwesend wirkt, spüren wir intuitiv und völlig zu Recht, dass beim Kind etwas nicht stimmt, dass es im realen Leben mit etwas belastet ist und sich aus der Realität auszuklinken beginnt. Nicht anders ergeht es Jugendlichen und Erwachsenen.[1]

Meistens tritt kein Schaden ein, wenn Menschen »woanders« sind. Manchmal aber doch. Denn der erste Realitätsverlust kann einen zweiten, schwerwiegenderen zur Folge haben. Wie vor einigen Jahren, als der Fahrdienstleiter eines Stellwerks der Bahn zwischen vier und fünf Uhr in der Frühe gegen die Ödnis der Realität am Ende der Nacht ankämpfen musste. Berufstätige, die jemals Nachtdienste leisten mussten, wissen, wie schwierig es ist, in der zweiten Nachthälfte durchzuhalten. Anstatt in der Realität zu bleiben, die ihm zumutete, ständig die Bildschirme im Auge zu behalten, wechselte der Fahrdienstleiter in eine Ersatzrealität und begann, auf seinem Smartphone ein Videospiel zu spielen. Dieser erste, sozusagen innere oder persönliche Realitätsverlust hatte einen fatalen zweiten, äußeren zur Folge: die Kollision von zwei Zügen und den Tod von zwölf Menschen.[2] Dieses furchtbare Einzelereignis ist eine Metapher für eine Entwicklung, die sich in der Breite unserer westlichen Gesellschaften abspielt und in ihrer Tragweite noch nicht erkannt ist. Wie immer gehen die USA voran. Die Schwierigkeit, das reale Leben zu ertragen, hat dort für immer mehr Menschen beängstigende Ausmaße angenommen, wie der massenhafte Konsum von Opioiden, die ständig weiter zunehmende Gewalt und die irrationalen Trends der dortigen politischen Landschaft zeigen.

Aus verschiedenen Gründen scheint das reale Leben auch in Deutschland für immer mehr – vor allem junge – Menschen immer schwerer erträglich zu sein, wie auch wissenschaftliche Untersuchungen zeigen. Als Ergebnis steigen viele aus der Realität aus und wechseln in die virtuellen Räume des Internets, in die sozialen Medien, in die Welt der Videospiele und demnächst ins Metaversum. Was zur Folge haben wird, dass uns diese Menschen fehlen, um die reale Welt als Ort der Menschlichkeit zu bewahren und ökologisch zu retten. Junge Klimaschützer erregen zwar viel Aufsehen, sie repräsentieren aber nur einen sehr kleinen Teil der jungen Generation. Viele Akteure aus den Top-Etagen der Tech-Konzerne, welche die digitale Revolution vorantreiben und an ihr verdienen, beschreiben die reale Welt schon jetzt als angeblich unrettbar verloren. Die reale Welt mit aller Macht retten zu wollen, wäre für Digital- und Medienkonzerne wenig profitabel. Filme, die das Denken der Bevölkerung, vor allem junger Menschen, in den letzten zwanzig Jahren massiv prägten, haben diese fatale resignative Entwicklung gebahnt. *Matrix*, *Ready Player One*, zuletzt *Avatar* gehören zu einer langen Serie von Science-Fiction-Filmen, die, begleitet von nicht weniger wichtigen Büchern, von einer vermüllten oder apokalyptisch zerstörten realen Welt erzählen, die einem keine andere Wahl lasse, als in virtuelle Welten umzusiedeln.

Topmanager wie Ray Kurzweil oder Philosophen wie Nick Bostrom, David Chalmers oder Yuval Harari, die zu den einflussreichsten Denkern unserer Zeit gehören, sprechen von der notwendigen technologischen »Verbesserung« (»Enhancement«) des Menschen. Sie beschreiben den menschlichen Körper als Maschine, die man irgendwann digital simulieren und ersetzen könne. Die Zukunft seien simulierte, virtuelle Welten. Dies sei kein Grund zur Besorgnis, denn auch unsere scheinbar reale Welt sei, so schreiben David Chalmers[3] und andere, von höherer Stelle aus simuliert (siehe Kapitel 4). In diesem Denken bahnt sich ein Realitätsverlust in einer ganz neuen Größenordnung den Weg. Dadurch, dass wir in nicht mehr allzu ferner Zukunft unser Bewusstsein auf Computer hochladen (»uploaden«) lassen könnten, würden wir – allen Ernstes – unsterblich werden können. Hinter dieser digitalen Mystik stehen wirtschaftliche und politische Interessen. Ziel ist das Abkassieren und die politische Lenkung der Massen. Tatsächlich hat die Methode, Menschen mit einer Jenseitswelt aus der Realität wegzulocken, ihnen ewiges Leben zu versprechen und sie dabei abzukassieren, historisch betrachtet erstaunlich gut und lange funktioniert. Das Mittelalter dauerte rund eintausend Jahre. Die heraufziehende digitale Mystik zeigt frappierende Parallelen zur Mystik des Mittelalters. Wie damals, so gefährdet sie auch heute die Humanität. Davon handelt dieses Buch.

Mittelalterliche Mystik

Die Mehrzahl der im Mittelalter lebenden Menschen fristete ihr reales Dasein in Armut. Unsere Vorfahren jener Zeit waren macht- und rechtlos und mussten hart arbeiten, um die vom Adel und von Klöstern geforderten Abgaben zu erwirtschaften. Das Versprechen war, es gebe neben der realen Welt, die als »Jammertal« beschrieben wurde, ein »Anderswo«, eine Jenseitswelt, in der es sich frei, glücklich und ewig leben lasse. Das Versprechen beinhaltete auch die Unsterblichkeit. Ein derartiges Narrativ kann seine Wirkung nur entfalten, wenn es bis in den letzten Winkel der Gesellschaft medial verbreitet wird. Die mediale Infrastruktur des Mittelalters waren die Kirchen – sowohl im Sinne der Organisation als auch ganz konkret im Sinne der Kirchenbauten und Kapellen. Die Kirchen waren *der* öffentliche Raum jener Zeit. Mindestens einmal, oft sogar mehrfach wöchentlich hörten die Gläubigen in Gottesdiensten und Gebetsstunden das zentrale Narrativ und wiederholten es gebetsweise zu Hause. Als »Endgeräte« – um den modernen Begriff der »digitalen Endgeräte« zu paraphrasieren – dienten ihnen der Rosenkranz, an Ketten umgehängte oder in der Stube aufgehängte Kreuze und Marienbilder, gelegentlich auch kleine Hausaltäre. Von ganz besonderer medialer Bedeutung waren die Kirchenfenster.

Die einfache Bevölkerung des Mittelalters bestand aus Analphabeten, ein Zustand, dem sich erschreckend viele unserer jungen Menschen heute wieder annähern. Statt Texten bedurfte es daher der Bilder, in denen die mündlich, über Predigten und Gespräche, verbreiteten Erzählungen wirkungsvoll dargestellt waren. Die gotische Bauweise der Kirchen generierte gewaltige Fensterflächen. Ihre eindrucksvolle Materialität gab den auf ihnen dargestellten Jenseitswelten den Anstrich einer nach dem Tod zu erwartenden Tatsächlichkeit. Hinzu kamen das Orgelspiel, die Altäre und Skulpturen der heiligen Personen, die im Jenseits angeblich auf die Gläubigen warteten. Die Macht des Narrativs und die Medialität, mit der es verbreitet wurde, brachten die Gesellschaft »auf Linie«, was nicht nur hieß, sich gegen Adel oder Klerus nicht aufzulehnen, sondern für das Versprechen der Jenseitigkeit sogar zu bezahlen. Wenn die Religion sozusagen das mittelalterliche »Spiel« war, das gespielt wurde, dann entsprach der Ablasshandel dem, was wir heute, in Zeiten der Videospiele und des Metaversums, als »In-Game-Käufe« bezeichnen würden: Man bezahlte, um in der Jenseitswelt gut dazustehen. Eine letzte, besonders pikante Parallele zwischen heute und der damaligen Zeit betrifft den Aspekt des Datenabflusses und die dadurch gegebenen Überwachungsmöglichkeiten: Wer im Mittelalter nicht beichtete und sein Privatleben nicht offenlegte, kam nicht in den Himmel. Der Berliner Philosoph Byung-Chul Han bezeichnete das Smartphone zu Recht als »mobilen Beichtstuhl«.[4]

Es dauerte bis zum 14. Juli 1789, bis dem mittelalterlichen Spuk endgültig ein Ende bereitet wurde. Die Französische Revolution, an die dieses Datum erinnert, symbolisiert die Epoche der Aufklärung, einen historischen Prozess, der schon lange vor ihr – mit der italienischen Renaissance und Martin Luthers Reformation – begonnen hatte und der auch lange danach, ja bis zum heutigen Tag noch nicht wirklich vollendet wurde. Über das Mittelalter und die Bedeutung der Aufklärung mag viel gesagt und geschrieben worden sein. Doch da gibt es einen noch wenig beachteten Aspekt: Die Aufklärung bedeutete einen Realitätsgewinn. Ein Hauptkennzeichen des Mittelalters war die Realitätsabkehr, also die den Menschen der damaligen Zeit auferlegte Realitätsverleugnung. Wir können heute nur schwerlich erraten, wie es sich anfühlte, als einfacher Mensch im Mittelalter zu leben. Man darf aber vermuten, dass das Maß der mentalen Präsenz im

Hier und Jetzt angesichts der Unerträglichkeit des damaligen Lebens auf das Nötigste herabgesetzt und in Richtung eines antizipierenden Sich-Wegträumens in eine jenseitige Welt umgelenkt war. Dass die Annahme eines solchen quasi immersiven »Woanders-Seins« vieler mittelalterlicher Menschen keine völlig abwegige Idee ist, zeigen die zahlreichen christlichen Mystiker jener Zeit, unter ihnen Hildegard von Bingen (1098–1179), vor allem aber Meister Eckhart (1260–1328), später dann Teresa von Ávila (1515–1582). Der sich in der Mystik zeigenden Verminderung von gegenwärtiger Präsenz entsprach eine – zumindest graduelle – Hinnahme der Beschönigung der Realität. Gegenüber dem mittelalterlichen Jenseitszauber war die Aufklärung ein Gewinn von Realität, ja wahrscheinlich sogar ein Realitätsschock aufgrund der unweigerlichen Zumutungen, die mit einem ungeschönten, schonungslosen Blick auf die reale Welt verbunden sind.

Der Realitätsgewinn der Aufklärung ließ offenbar werden, was über Jahrhunderte nicht gesehen und geglaubt werden durfte: dass sich einfache Menschen von Natur aus nicht von Menschen in den Eliten, im Adel und im Klerus unterschieden, sondern alle Menschen tatsächlich gleich sind; dass jede und jeder Einzelne gleich viel zählt, gleiches Recht beanspruchen darf und nicht als Fußvolk für Helden und Heilsbringer herhalten muss; dass Menschen, anstatt Abwertungen des realen Lebens hinzunehmen und sich auf eine Jenseitswelt vertrösten zu lassen, sich solidarisch zusammenschließen, ihre Geschicke selbst in die Hand nehmen und das Elend der realen Welt zum Anlass nehmen können, diese in einen besseren, lebenswerten Ort zu verwandeln. Dazu musste allerdings die zu allen Zeiten vorhandene Neigung des Menschen, sich süßen Narrativen und Vertröstungen hinzugeben und in ein »Anderswo« auszuweichen, abgelöst werden. Dies geschah durch eine Rückkehr zur geistigen Präsenz, durch Mut zur Vernunft und einen nüchternen Blick auf die Realität.[5]

Gesunden Menschen beim Gehen helfen, bis sie nicht mehr gehen können

Ernst zu nehmende Hinweise legen nahe, dass wachsende Teile unserer heutigen Gesellschaften des Westens dabei sind, unter dem Einfluss von digitalen Angeboten hinter wesentliche Errungenschaften zurückzufallen, die wir der Aufklärung verdanken. Dies zeigt sich zunächst an der von Smartphones verursachten Tendenz, mental nicht in der gegenwärtigen Situation zu sein, sondern bevorzugt und gerade dann mit nicht Anwesenden in Verbindung zu treten, wenn man mit (einer) real anwesenden Person(en) zusammengetroffen ist. Es zeigt sich an der von den Social Media ausgehenden Wirkung, seine tatsächliche, als zu wenig glanzvoll empfundene Existenz in Accounts zu verlagern, sich den Diktaten der Selbst-Verschönerung und der Influencerinnen zu unterwerfen, sich in eine andere Person zu verwandeln und die Realität durch inszenierte Auftritte im Social-Media-Account zu ersetzen. Noch schwerwiegender ist, dass ein wachsender Anteil der Bevölkerung, insbesondere beachtliche Anteile der jüngeren Jahrgänge, sich täglich – oft bis weit in die Nacht – über Stunden in die virtuellen Welten der Videospiele verabschiedet. Aus wissenschaftlichen Untersuchungen weiß man, dass die Betroffenen ausdrücklich bestätigen, eines der Hauptmotive sei, der zu langweilig oder zu beschwerlich gewordenen Wirklichkeit zu entfliehen. Dieses als Eskapismus bezeichnete Verhalten, der Wirklichkeit zu entkommen (Englisch: »to escape«), ist vielen Spielern eine Menge Geld wert, das sie durch sogenannte In-Game-Käufe in den Spielen ausgeben. Eine besondere Art des Ablasshandels. Eine Steigerung des Gamings ist das vor seinem Durchbruch stehende sogenannte Metaversum, eine virtuelle Ersatzwelt, in der sich nach Vorstellung der großen Digitalkonzerne in naher Zukunft das gesamte Leben – Arbeit, Freizeit, Sozialkontakte eingeschlossen – abspielen soll.

Der Verlust der Realität geschieht in kleinen Schritten. Er vollzieht sich suggestiv und vermeidet größere Fallhöhen. Die digitalen Angebote reichen uns die Hand und sorgen für Bequemlichkeit. Man hilft gesunden Menschen so lange beim Gehen, bis sie nicht mehr selbst gehen können. Ein Beispiel aus jüngerer Vergangenheit sind Chatbots wie Chat-GPT oder Bard. Dabei handelt es sich um mit sogenannter Künstlicher Intelligenz (KI) ausgestattete Maschinen, die wahllos mit Millionen von Texten aus dem Internet gefüttert wurden, deren Inhalte sie in einer auch für Fachleute nicht nachvollziehbaren Weise miteinander verbinden (siehe Kapitel 5). Was sich in den auch von ihren Herstellern nicht einsehbaren Künstlichen Neuronalen Netzen dieser Maschinen gesammelt und auf nicht nachvollziehbare Weise miteinander verknüpft hat, dient dazu, die Fragen von (inzwischen) Millionen Nutzern zu beantworten, ohne dass überprüfbar ist, auf welche Quellen sich die gegebenen Auskünfte beziehen und ob sie wahr sind. Künstliche Intelligenzen sollen den Menschen ersetzen, in der Kindererziehung, in Schulen und Universitäten, in der Medizin, in den Verwaltungen, bei Polizei, Justiz und im Militär. Man hilft gesunden Menschen beim Denken, bis sie nicht mehr denken können. Die vordergründige Freundlichkeit, mit der dies geschieht, macht aus dem Verlust der Realität einen hypnotischen, der bewussten Wahrnehmung entzogenen Prozess. Dieses Buch soll der Hypnose ein Ende setzen, es soll den mit der Digitalisierung verbundenen Präsenz- und Realitätsverlust bewusst machen und uns seine weitreichenden Folgen vor Augen führen.

Digitale Mystik in Vollendung: Der Transhumanismus

Die vorgetragenen Hinweise mögen manchen vielleicht noch nicht ausreichen, um eine Parallele zwischen der religiösen Mystik des Mittelalters und einer sich anbahnenden digitalen Mystik zu sehen. Die Signifikanz einer solchen Parallele lässt sich aber spätestens dann nicht mehr von der Hand weisen, wenn man den sogenannten Transhumanismus einbezieht, eine techno-ideologische Bewegung, zu deren Anhängern einige der reichsten und einflussreichsten Männer dieser Erde zählen. Der Transhumanismus, mit dem wir uns noch genauer befassen werden, betrachtet Menschen als biologische Maschinen, gesteuert durch Algorithmen, die physikalischen und chemischen Regeln folgen und durch Computer simuliert werden können. Der Transhumanismus sieht die Zukunft des Menschen zunächst in dessen technologischer »Verbesserung« (»Enhancement«), im Weiteren dann in der Simulation des menschlichen Körpers und schließlich in der Ablösung des menschlichen Geistes durch Künstliche Superintelligenzen. Wie der Körper, so lasse sich auch das menschliche Gehirn simulieren, mit Chips statt Nervenzellen. Der menschliche Geist sei ein Computerprogramm, das sich in einen Computer übertragen lasse, ein als »Mind Uploading« bezeichneter Prozess. Bei diesem Uploading werde auch das Bewusstsein mittransportiert, die Seele wechsle mit der Übertragung vom Körper auf den Computer sozusagen das Pferd. Mit einem »Mind Uploading« erlange der Mensch Unsterblichkeit. Natürlich brauchen simulierte Gehirne oder auf Computer hochgeladene Geister auch eine Umwelt. Da viele Transhumanisten davon ausgehen, dass die reale Welt nicht zu retten ist, sollen digital simulierte Ersatzwelten an ihre Stelle treten: ein digitales Jenseits, kein »Himmel auf Erden«, sondern ein »Himmel im Computer«.

Zu den Gläubigen des Transhumanismus zählen, die Namen wurden schon erwähnt, Topexperten der Digitaltechnologie wie Ray Kurzweil (Leiter der technischen Entwicklung bei Google/Alphabet), die Chefs großer Technikkonzerne und einflussreiche Philosophen wie Nick Bostrom aus Oxford, David Chalmers aus New York sowie ihr israelischer Kollege Yuval Harari. Hören wir auf David Chalmers, den derzeit bedeutendsten US-amerikanischen Philosophen: »Ein simuliertes Gehirn ist ein digitales System, das auf einem Computer läuft. … Es gibt keinen allgemeinen Grund, warum ein digitales System nicht ein Bewusstsein haben sollte.«[6] Der realen Erde geben die Wortführer des Transhumanismus keine Zukunft, was keine Überraschung ist angesichts der Tatsache, dass sie fast alle aus dem angloamerikanischen Raum stammen, wo Wirtschaftssysteme herrschen, in denen das Recht des Stärkeren gilt und wo weder die Bewahrung der Umwelt noch soziale Fairness eine Rolle spielen.

Postapokalyptische Sichtweisen spiegelten sich bereits vor vielen Jahren in Werken der Science-Fiction-Literatur wider, wie etwa in Philip K. Dicks 1968 publiziertem Roman *Träumen Androiden von elektrischen Schafen?*, der 1982 von Ridley Scott verfilmt wurde. Auch zahlreiche neuere Bücher und Filme, zuletzt Steven Spielbergs bereits erwähnter *Ready Player One* (2018), *Vesper Chronicles* von Kristina Buozytè und Bruno Samper (2022) und James Camerons schon genannter *Avatar* (2022) unterstellen eine apokalyptische, verlorene reale Welt. Einflussreiche Darstellungen dieser Art haben das Potenzial einer »Self-Fulfilling Prophecy«. Auch David Chalmers geht, wie seinerzeit die frühen Christen, davon aus, dass die Apokalypse kurz bevorsteht: »Es ist das Jahr 2095. Die Erdoberfläche ist ein Wrack, Opfer eines nuklearen Krieges und des Klimawandels. Du könntest jetzt entweder eine armselige Existenz fristen, versuchen, die Begegnung mit Gangstergruppen zu vermeiden und Minen auszuweichen, mit dem einzigen Streben, am Leben zu bleiben. Oder aber du lässt deinen physischen Körper im Fach einer gut gesicherten Lagerhalle einschließen und begibst dich in eine virtuelle Ersatzwelt.«[7]

Mit dem, was ich als digitale Mystik bezeichne, soll uns ein Szenario unterbreitet werden, welches in hohem Maße dem gleicht, das Kirche und Adel im Mittelalter verbreitet haben. Das Elend der Erde sei mehr oder weniger unabwendbar. Anstatt auf die Möglichkeit zu fokussieren, die Probleme dieser

Erde in einer großen solidarischen Kraftanstrengung gemeinsam anzugehen, sollen wir Menschen uns mit Angeboten abgeben, die uns verführen, weil sie uns das Leben ein wenig erleichtern und von der Wirklichkeit ablenken. Nochmals mein Diktum: Man hilft Menschen so lange beim Gehen, bis sie nicht mehr gehen können, man hilft ihnen so lange beim Denken, bis sie nicht mehr denken können. Digitale Endgeräte und simulierte Welten als Opium des Volkes. Die Erlösung von unseren realen Nöten, so wurde den Menschen damals und so wird ihnen auch heute suggeriert, liegt in Angeboten, die darauf abzielen, Geistesgegenwart – was ich eingangs als »Präsenz« bezeichnet habe – zu betäuben, den Blick von der Realität abzuwenden und auf das Versprechen einer Jenseits-Welt zu richten.

Ein Kernelement sowohl der damaligen als auch der heutigen Inszenierung ist die finanzielle Ausbeutung. Die süßen Effekte der Schmerzlinderung, die im Mittelalter mit dem Versprechen einer Erlösung von allen Leiden im himmlischen Jenseits verbunden waren, haben den Ablasshandel der damaligen Kirche nicht als das erscheinen lassen, was er war: ein unmoralisches Kasse-Machen. Heute sind es Smartphones und Spielkonsolen, demnächst wird es das Metaversum sein, das uns jene Analgesie, also Schmerzlinderung verabreicht, die uns nicht spüren lässt, dass wir durch den Abfluss von Daten und Geld abgezockt werden. Während Teile der Gesellschaft – vor allem immer mehr jüngere Menschen, deren Engagement und Kompetenzen wir für die Bewältigung der Zukunftsprobleme dringend bräuchten – täglich stundenlang die weitgehend sinnentleerten Kommunikationskreisläufe der sozialen Netzwerke am Laufen halten oder in virtuellen Räumen spielen, steigt der Analphabetismus und der Anteil derer, die sich von der Gesellschaft nicht gebraucht und liegen gelassen fühlen. Es ist diese Art von Realitätsverlust, die ich mit dem Titel meines Buches meine. Wenn wir diesem Szenario weiter ungebremst seinen Lauf lassen, befinden wir uns auf dem Weg zurück, zurück hinter die Aufklärung.

Überraschende Parallelen: Digitale und mittelalterliche Mystik im Vergleich

	Mittelalterliche Mystik (Kirche)	**Digitale Mystik (Tech-Konzerne, Transhumanismus)**
Verbreitung	Ubiquitär: Kirchliche Infrastrukturen	Ubiquitär: World Wide Web
Medialität	Beeindruckung durch Kirchenräume, Kirchenfenster und Orgelspiel	Beeindruckung durch technische Effekte und die Fantastik virtueller Welten
Botschaft	Sich den Erwartungen der Obrigkeit anpassen; Leidensfähigkeit trainieren, Kampf gegen die eigenen Bedürfnisse; Selbstwertzuwachs durch christliche Tugenden	Tun, was andere tun; sich den Erwartungen (z. B. von Influencerinnen) anpassen; sich mit anderen vergleichen; Selbstwertzuwachs durch Videospiele, und hier vor allem Kämpfen
Verachtung des natürlichen Körpers	Körper als Ursache von Begierden und Sexualität	Körper als Verursacher von Gefühlen, von Krankheit und Sterblichkeit

	Mittelalterliche Mystik (Kirche)	Digitale Mystik (Tech-Konzerne, Transhumanismus)
Versprechen	Gesundheit durch Frömmigkeit, Krankheit als Strafe; Erlösung und ewiges Leben im Himmel	Befreiung von Krankheit und Alterung durch »Human Enhancement«; ewiges Leben durch »Mind Uploading«
Finanzielle Ausbeutung	Ablasshandel	In-Game-Käufe bei Spielen und im Metaversum, Kosten beim Kauf der Spiele
Kontrolle	Aushorchen durch Beichte	Aushorchen durch Daten-Abfluss
Selbstbeschwichtigung	»Habe nichts zu verbergen, Gott sieht sowieso alles«	»Habe nichts zu verbergen, die Konzerne sehen sowieso alles«
Fetische, unsichtbare Marionettenfäden, Alltagspraxis	Rosenkranz, tragbare Kreuze, Gebete	Digitale Endgeräte, Apps, Social Media, Videospiele
Leit- und Identifikationsfiguren	Im Diesseits: Papst, Kardinäle, Bischöfe, Adel Im Jenseits: Biblische Figuren, Heiliggesprochene	Im Diesseits: Bosse von Tech-Konzernen (Mark Zuckerberg, Elon Musk), IT-Experten (Ray Kurzweil, Sam Altman); Philosophen (Nick Bostrom, David Chalmers, Yuval Harari) Im Jenseits: »Helden« in Science-Fiction-Romanen, Filmen und Videospielen
Bündnisse der Mächtigen	Zusammenarbeit von Kirche und Staat, Kaiser und Papst; Bischöfe als kirchliche und zugleich weltliche Herren	Zusammenarbeit der Tech-Konzerne mit Geheimdiensten und Autokraten (z. B. Facebook u. Donald Trump oder Boris Johnson)

	Mittelalterliche Mystik (Kirche)	Digitale Mystik (Tech-Konzerne, Transhumanismus)
Auswirkungen auf Geistesgegenwart (Präsenz) und auf die Wahrnehmung von Realität	Präsenzverlust: Träumen vom Himmelreich; Realitätsverlust: Umdeutung der tatsächlich untragbaren Zustände in der Hoffnung auf ein besseres Leben nach dem Tode; Glaube an ein ewiges Leben im Himmel	Präsenzverlust: ständig »woanders« sein; Realitätsverlust: Vermeidung der realen Welt durch Ausweichen in virtuelle Welten (Eskapismus); Glaube an ein ewiges Leben im virtuellen Jenseits

2. KAPITEL

Menschliche Eigenschaften

»Vieles kann der Mensch entbehren,
nur den Menschen nicht.«

Carl Ludwig Börne (1786–1837)

Die Menschheit ist verunsichert, sie scheint sich ihrer selbst nicht mehr gewiss zu sein. Eine der unbewussten Suggestionen, welche durch die Entwicklung digitaler Maschinen mit Künstlicher Intelligenz (KI) ausgelöst wurden, besteht darin, der Mensch müsse sich von nun an für seine Existenz rechtfertigen. Computer konnten zunächst den weltbesten Schachspieler, dann den weltbesten Go-Spieler schlagen. Generative KIs können aus den gewaltigen Mengen an Material, mit denen wir sie gefüttert haben, Bilder, Filme und Texte produzieren (siehe dazu Kapitel 5). Aus der ständigen Wiederholung eines Vergleichs zwischen Mensch und KI und dem ehrfürchtigen Tenor, mit dem über die zweifellos bewundernswerten Fortschritte der digitalen Welt berichtet wird, spricht die unbewusste Angst, unsere Spezies könnte entsorgt werden.

Beruht das Existenzrecht unserer Spezies darauf, dass wir mehr Speicherkapazität oder mehr Rechenleistung als eine digitale, mit Künstlichen Neuronalen Netzen ausgestattete Maschine haben müssten, oder darauf, dass die Besten unter uns sich von Computern im Schach- oder Go-Spiel nicht besiegen lassen dürften? Die Vermutung, wonach diese Angst sich immer mehr verbreitet, entspringt nicht nur einer psychoanalytischen Diagnose. Dass der Mensch als Spezies durch KI-Systeme existenziell infrage gestellt sei, wird von prominenten Wortführern des Transhumanismus seit Jahren ausdrücklich behauptet (siehe Kapitel 4). Wir *sollen* so denken, wir *sollen* das glauben. Es ist Teil der digitalen Mystik. Dass von zwei Produkten, die ihrer Art nach gleich sind, das weniger leistungsfähige entsorgt wird, erscheint logisch.[8] Dies setzt aber voraus, dass es sich um zwei tatsächlich vergleichbare Produkte handelt. Menschen und Computer mit KI sind aber keine vergleichbaren Produkte, sie werden es auch nicht dadurch, dass sie ständig miteinander verglichen werden.

Was Menschen von KI unterscheidet: Intrinsisches Welt-Interesse

Der Mensch hat ein *intrinsisches* – heißt: von innen kommendes, zur eigenen Natur gehörendes –, bereits zum Zeitpunkt der Geburt in ihm angelegtes, spontanes *Welt-Interesse,* das sich gleichermaßen auf seinesgleichen und auf die natürliche Umwelt richtet. Ein Computer hat, auch wenn er mit Künstlichen Neuronalen Netzen ausgestattet ist, kein intrinsisches, kein in seinem Wesen liegendes spontanes Welt-Interesse, schon gar nicht ein Interesse an seinesgleichen. Er wird nur Aufgaben erledigen, für die er trainiert wurde, was er dann allerdings meistens besser kann als der Mensch. Quelle und Ausgangspunkt des Welt-Interesses ist der menschliche Körper. Er beheimatet nicht nur unsere Gefühle, er ist vor allem auch die Basis der Entwicklung von Intelligenz. Der Körper ist die Schnittstelle zwischen dem sich entwickelnden Gehirn, welches Teil des Körpers ist, und der realen Welt. Verstand, Vernunft und Intelligenz gelangen bei jedem einzelnen Menschen nur über die Erfahrungen ins Gehirn, die sein lebender, mit der Realität interagierende Körper in einer realen Umwelt macht. Umgekehrt macht Intelligenz keinen Sinn, wenn sie nicht Teil eines Subjekts ist, das Zugang zur Realität der Welt hat. Dieses Subjekt ist der Körper. KI-Maschinen bestehen aus Schaltkreisen, haben aber keinen lebenden Körper, von dem ein Welt-Interesse ausgeht. Man kann sie mit einem simulierten Körper verbinden, der ihnen aber kein Welt-Interesse einflößt.

Vertreter der Digitalkonzerne, die dem sogenannten Transhumanismus anhängen, und eine Reihe von Philosophen verachten den biologischen Körper (siehe dazu Kapitel 4 und 5) und reduzieren den Menschen auf sein Gehirn, welches sie als Biologie-freies Wesen fantasieren. Der biologische Körper diene »nur« den Gefühlen, die ja ohnehin nur Schwierigkeiten machten. Verstand, Vernunft und Intelligenz hätten ihren Sitz doch aber im Gehirn. Der Versuch, den Menschen auf sein Gehirn zu reduzieren, hat unter Digital-Freaks und einigen Philosophen die beliebte und viel diskutierte Vorstellung entstehen lassen, ein Mensch könne als »Brain in the Vat« leben, als ein in einer Nährflüssigkeit in einem Lagertank schwimmendes Gehirn.[9] Die Verachtung des natürlichen biologischen Körpers ist ein Wesenselement der digitalen Mystik (siehe Kapitel 1 und 4), die auch in diesem Punkt das Mittelalter wiederholt. Die Aufklärung, vor allem die Renaissance als ihr Vorläufer, war – neben vielem Weiteren – auch die Wiederentdeckung des natürlichen, unverstellten Körpers.

Anders als Maschinen mit KI brauchen Menschen, um ihre biologischen Funktionen, auch um ihre Denkfähigkeit zu erhalten, eine kontinuierlich präsente äußere Realität. Demgegenüber können Maschinen jahrelang in fensterlosen dunklen Räumen arbeiten.[10] Menschen brauchen, um psychisch und körperlich gesund zu bleiben, die Präsenz anderer Menschen. Ganz anders Computer mit KI: Sie brauchen, um ihren Dienst zu tun, keine anderen KI-Maschinen. Künstliche Intelligenzen brauchen, um ihre Funktionen aufrechtzuerhalten, keine Beachtung oder Wertschätzung. Sie verändern aufgrund der Präsenz anderer KI-Maschinen auch nicht ihren eigenen inneren materiellen Zustand. Menschen dagegen können ohne Mitmenschen nicht existieren, außerdem erleben sie durch die pure Präsenz anderer Menschen messbare Veränderungen von biologischen Funktionen. KI-Maschinen zeigen keine Störung ihrer Funktion, wenn eine andere Maschine die Realität systematisch anders wahrnimmt als sie selbst. Menschen dagegen kann es den Verstand kosten und in den Wahnsinn treiben, wenn Mitmenschen wesentliche Merkmale der Realität fantasieren oder verleugnen. KI-Maschinen können, wenn sie entsprechend programmiert sind, *behaupten*, sie hätten Gefühle, und als Roboter die entsprechenden körpersprachlichen Zeichen *simulieren.*[11] Sie kennen aber keine *intrinsische* Einsamkeit, keinen *intrinsischen* Schmerz, kein Weinen, keine *intrinsische* Freude und keine *intrinsische* Angst.[12] Menschen dagegen werden mit allen genannten Gefühlen bereits geboren, sie bringen sie mit, ohne dass sie ihnen antrainiert werden mussten.[13]

Der Körper als sozialer Akteur: Neuronale Resonanz und biologische Selbstveränderung

Das *Welt-Interesse* des Menschen ist auf eine Kontaktaufnahme zwischen Körper und äußerer Realität gerichtet. Die Kontaktaufnahme zwischen Körper und äußerer Realität unterscheidet sich wesentlich von den Interaktionen zwischen einer Maschine und ihrer Umgebung. »Die Realität« am Beginn des menschlichen Lebens sind die Bezugspersonen. Auf diese ist das intrinsische, spontane Welt-Interesse des Säuglings zunächst ganz ausgerichtet. Der Säugling weitet dieses Interesse etwas später auf andere Menschen und auf die natürliche Umwelt aus. Welt-Interesse begleitet den Menschen lebenslang. Das Erlöschen von Welt-Interesse ist ein Krankheitszeichen oder ein Vorzeichen des Todes. Bei der Kontaktaufnahme zwischen dem Körper des Kindes und seiner Bezugsperson kommt es zwischen beiden zu ständig wiederholten, sich spontan einstellenden und sich nach kurzer Zeit ebenso spontan wieder auflösenden neuronalen Resonanzen, ohne dass die Beteiligten dies beabsichtigen. Dieses zur *intrinsischen* Ausstattung des Menschen gehörende Phänomen der Resonanzfähigkeit können Computer nur simulieren, allerdings auch das nur, wenn sie entsprechend programmiert oder trainiert wurden.

Eine weitere Besonderheit der Begegnung zwischen dem Körper des Kindes und seiner Bezugsperson ist, dass die Eindrücke, die mit jeder zwischenmenschlichen Kontaktaufnahme verbundenen sind, den materiellen, biologischen Zustand des Kindes verändern, einschließlich der Aktivitäten von Genen. Auch dies geschieht ohne jede Intention. Neuronale Resonanz und biologische Selbstveränderung durch soziale Erfahrungen begleiten den Menschen lebenslang. Beim Kind spielen beide Phänomene eine besondere Rolle, da sie seine körperliche und kognitive Entwicklung beeinflussen. Mitmenschen bleiben lebenslang der wichtigste Aspekt der »äußeren Realität« des Menschen. Auch die Natur kann im Menschen Resonanzen und biologische Selbstveränderungen auslösen.[14] Beide Potenziale, die Fähigkeit zur Resonanz und zur biologischen Selbstveränderung, sind im Menschen natürlich angelegt. Computer können diese Phänomene höchstens mit entsprechenden Programmen oder Trainings simulieren.

Körper und Gehirn sind der Sitz der Gefühle *und* des Verstandes. Gefühle sind spontan auftretende Indikatoren unserer körperlichen Befindlichkeit. Beim Menschen bildet sich jedes Gefühl, wie auch bildgebende Verfahren zeigen können, im gesamten Körper ab.[15] Gefühle sind also nicht nur »Kopfsache«, sondern finden immer in beiden statt, im Gehirn *und* im Körper. Gefühle spiegeln nicht nur wider, was uns widerfahren ist, sie können ihrerseits auf unseren Körper zurückwirken. *Gefühle sind Ausdruck der Selbst-Bezüglichkeit des Körpers.* Computer sind nicht spontan selbstbezüglich, sie haben keine inneren Stimmungen. Leicht übersehen wird, dass der

Körper nicht nur Gefühle beheimatet, sondern auch der Ausgangspunkt für die Entwicklung von Intelligenz ist. Kinder können in den ersten Lebensjahren ohne ihren Körper keinen Verstand, keine Vernunft und keine Intelligenz entwickeln. Bereits die scheinbar sinnlosen Bewegungen der Extremitäten des Säuglings, die sich in den ersten Lebenswochen beobachten lassen, sind ein erster Schritt in Richtung Kognition.[16] Sie leisten einen wichtigen Beitrag zur allgemeinen kognitiven Entwicklung und zur Entwicklung von Intentionalität, also von absichtsvollem Handeln.

Kognitive Gewissheiten, nach welchen Grundregeln die Welt funktioniert, können Kleinkinder nur gewinnen, wenn sie mittels ihres Körpers entsprechende eigene Erfahrungen gemacht haben: Was Schwerkraft ist, wird ihnen klar, wenn sie hinfallen und lernen, immer wieder aufzustehen. Was Beschleunigung und Geschwindigkeit ist, erlernen Kleinkinder dadurch, dass sie rennen. Was Widerstand ist, spüren sie, wenn sie miteinander balgen. Die Grundlagen der Statik eröffnen sich dem Kind durch das Spielen mit Bauklötzchen. Was Zahlen sind, erschließt sich ihnen anhand der Finger ihrer Hand. Alle kognitiven Gewissheiten gewinnt das Kind nur durch die Realität körperlicher Erfahrungen, nicht durch Tablets. Diese Einsicht ließ das Konzept der »Embedded Cognition«, auch »Embodied Cognition« genannt, entstehen.[17] Kognitionen sind Derivate des Wechselspiels zwischen dem Körper und der Realität. Kinder können Kognitionen nur dann entwickeln, wenn man sie körperliche Erfahrungen in der analogen Realität machen lässt.

Weder der Körper des Menschen noch sein Gehirn ist eine Maschine. Dass sie es seien, ist eine These, die bei einigen

Vertretern der Digitalkonzerne und namhaften Philosophen derzeit hoch im Kurs steht (siehe Kapitel 4). Natürlich gelten auch in den Körpern von biologischen Lebewesen die Gesetze der Physik und der Chemie. Was Leben ist, lässt sich jedoch nicht darauf reduzieren. »Die Biologie ist keine zweite Physik«, stellte der einst an der Harvard-Universität tätige Ernst Mayr, einer der Nestoren der modernen Evolutionsbiologie, klar.[18] Die Ansicht, Menschen seien Maschinen, bedeutet eine Verkennung der biologischen Realitäten. Körper und Gehirn des Menschen bedürfen der Realität. Sie sind außerdem soziale Akteure, sie reagieren auf soziale Interaktionen. Lassen Sie uns dies an drei Anschauungsbeispielen vertiefen: an den Genen, an den neuronalen Resonanzsystemen und anhand der Entstehung des Selbst.

Die Gene: kommunikativ und sozial

Wir lösen gleich zu Beginn einen Widerspruch auf, der vielen Menschen einen Knoten ins Gehirn geknüpft hat. Kein Wunder, wenn Leute von der einen Hälfte der Fachleute hören, es liege »alles in den Genen«, während die andere Hälfte der Expertinnen und Experten auf die Einflüsse der Umwelt und auf die Bedeutung der sozialen Umgebung des Menschen verweist. Manche Autoren, die einflussreiche Bücher über die Gene geschrieben haben, haben selbst nie an Genen geforscht.[19] Ich selbst war viele Jahre meines Lebens, einige Zeit auch in den USA,[20] erfolgreich in der Genforschung tätig. Gegenstand meiner Arbeit in diesen Jahren waren zunächst Gene des Immunsystems, später dann die des Gehirns. Gene sind keine »Nerds«, keine nur mit ihren Interessen beschäftigten, von der sozialen Außenwelt abgeschotteten Eigenbrötler. Gene sind Kooperatoren und Kommunikatoren. Gene arbeiten mit anderen Molekülen zusammen, für sich alleine kann ein Gen nicht das Geringste ausrichten. Außerdem empfangen sie – aus der Sicht des Gens – »von außen« eintreffende Nachrichten, auf die sie mit einer Veränderung ihrer Aktivität reagieren. Gene sind eine Klaviatur, auf der das Leben spielt.[21] Die Klavierspieler sind die Umwelt und die sozialen Beziehungen, in denen Menschen sich befinden.

Der Mensch hat etwa 23.000 Gene.[22] Jedem Gen vorangestellt ist ein Genschalter.[23] Auch er besteht aus dem Stoff, aus dem Gene gemacht sind.[24] Der Genschalter enthält jedoch, anders als die Gene, keinen Bauplan für die Herstellung eines körpereigenen Eiweißes (Proteins). Der Genschalter ist eine Landepiste für Signalbotenstoffe, die – aus der Sicht des Gens – von außen kommen und hier landen können.[25] Abhängig davon, ob, welche und wie viele Signalbotenstoffe auf dem Genschalter landen, wird das nachfolgende Gen stärker oder schwächer abgelesen.[26] Der Genschalter funktioniert im Prinzip wie der Dimmer bei einer Beleuchtung. So wie die Glühbirne über den Dimmer mit der Außenwelt kommuniziert, so kommuniziert jedes Gen über den Genschalter mit der Umwelt des Menschen. Bestimmte, aus der Sicht des Gens von außen kommende Einflüsse können die Bedienung des Genschalters für eine längere Dauer einschränken oder erleichtern.[27] Dieser Vorgang wird als »Epigenetik« bezeichnet.[28]

Unsere Gene stehen in Beziehung zur Welt, die uns umgibt. Die Vorstellung, Gene seien »egoistisch«, ist absurd.

Wenn sie dies wären, hätte das Leben, der Mensch eingeschlossen, nicht überlebt. Wenn krankmachende Viren oder Bakterien in den Körper eindringen, müssen Gene, die vorher Ruhe gegeben haben, aktiviert werden, damit sie Immunbotenstoffe machen. Wenn die Infektion erfolgreich abgewehrt wurde, müssen die gleichen Gene wieder ruhiggestellt werden. Immunbotenstoff-Gene, die keine Ruhe geben, obwohl keine Infektion vorliegt, können Autoimmun-, Herz-Kreislauf- oder Krebserkrankungen auslösen, sie können sogar auf direktem Wege zum Tode führen. Nicht nur Viren und Bakterien, auch die Nahrung, die wir uns zuführen, ist ein Teil der Umwelt, in der wir leben. Jede Nahrungsaufnahme führt in den Organen des Verdauungssystems zur Aktivierung zahlreicher Gene.[29] Zu den Klavierspielern, die auf der Klaviatur der Gene spielen, gehören aber nicht nur infektiöse Erreger und Nahrungsmittel, sondern auch unsere sozialen Beziehungen, also andere Menschen.

Soziale Beziehungen und die durch sie in einem Menschen ausgelösten Gefühle und Gedanken beeinflussen die Aktivität der Gene. Kinder, die in anregenden Milieus groß werden und sich von ihren Bezugspersonen unterstützt fühlen, erleben eine Aktivierung von Nervenwachstumsfaktor-Genen und entwickeln ein klügeres Gehirn.[30] Bei Menschen, die von Mitmenschen unter hohen Druck gesetzt, bedroht oder gedemütigt werden, kommt es zu einer massiven Aktivierung von Stressgenen. Die durch Stressgene produzierten Stressbotenstoffe schaden dem Gehirn. Außerdem beeinflussen sie Gene des Immunsystems, was die Schwächung der körpereigenen Abwehr gegen infektiöse Erreger und bei Kranken einen verschlechterten Heilungsverlauf zur Folge hat. Lang anhaltende oder wiederholte negative Lebenserfahrungen können dazu führen, dass in einem Menschen auf längere Sicht Gefühle und Gedanken des Versagens, der Hoffnungslosigkeit oder der Angst die Oberhand gewinnen. Auch das zieht Veränderungen bei den Aktivitäten zahlreicher Gene nach sich, was wiederum eine erhöhte Anfälligkeit für Erkrankungen zur Folge haben kann.

Erfahrungen, die in der Vergangenheit mit anderen gemacht wurden, können sich im Inneren eines Menschen festsetzen. Sie können im Sinne einer lang nachwirkenden Spätfolge Auswirkungen auf die Gene ausüben, auch wenn die betreffenden Menschen, mit denen die Erfahrungen gemacht wurden, aus dem Umfeld verschwunden oder gar gestorben sind. Soziale Beziehungen sind nicht heiße Luft, sondern ein Teil der biologischen Realität des Menschen.[31] Jedes Mal, wenn Menschen anderen Menschen begegnen, drehen wir, ohne dass uns das bewusst ist, durch die Art, wie wir uns gegenseitig behandeln, an den Schaltern unserer Gene. Die freundliche Präsenz anderer Menschen beruhigt die Stressgene. »Vieles kann der Mensch entbehren, nur den Menschen nicht«, bemerkte der bereits eingangs zitierte jüdische Publizist Carl Ludwig Börne (1786–1837), der Medizin studiert hatte und eigentlich Arzt werden wollte. Tatsächlich sind die gesundheitlichen Folgen lang anhaltender Einsamkeit und sozialer Isolation ähnlich verheerend wie die, von anderen schlecht behandelt zu werden. Unsere Gene brauchen die Präsenz wohlwollender anderer Menschen. Allerneueste Forschung, der ich mein letztes Buch gewidmet habe, zeigt, dass unsere Gene nicht nur dann positiv reagieren, wenn uns andere Menschen freundlich behandeln, sondern auch dann, wenn wir unsrerseits anderen Gutes tun.[32] So hat die Evolution uns Menschen »gemacht«.

Neuronale Resonanzsysteme

Der Begriff der Resonanz beschreibt die Übertragung des Aktivitätszustands eines Absenders auf einen geeigneten Empfänger. Zum Beispiel, wenn eine zum Klingen gebrachte Gitarrensaite eine entsprechend gestimmte Saite einer zweiten Gitarre zum Mitklingen bringt. Resonanz ist nicht Echo. Wenn wir hören, wie unser Ruf von der gegenüberliegenden Felswand widerhallt, nehmen wir eine Reflexion wahr. Resonanz hingegen ist das »Au!«, das wir spontan ausrufen, wenn wir sehen, wie sich jemand anderes versehentlich mit einem scharfen Messer in den Finger schneidet. Neurowissenschaftliche Studien zeigen, dass die Beobachtung eines anderen Menschen zu einer simultanen Aktivierung im Gehirn des Beobachters führt, wobei im Beobachtergehirn neuronale Systeme aktiviert werden, die im Moment der Beobachtung im beobachteten Menschen aktiv waren. Im Falle eines beobachteten Schmerzereignisses kommt es im Gehirn des Beobachters nachweislich zu einer Aktivierung der Schmerzsysteme.

Anders als bei zwei Gitarrensaiten wird die Resonanz zwischen zwei Menschen nicht durch Schallwellen ausgelöst, sondern durch die vom Resonanzempfänger wahrgenommene Körpersprache oder Sprache des Absenders (oft ist beides der Fall). Sie werden im Empfänger wahrgenommen, entschlüsselt und mit einer neuronalen Resonanz beantwortet.

Dies ist der Grund, warum ein Lächeln oft ein spontanes Lächeln beim Gegenüber auslöst, der grimmige Gesichtsausdruck eines anderen uns leicht in schlechte Laune versetzt oder warum ein Gähnen oft »ansteckend« wirkt. Nicht nur Gefühlszustände, die sich durch Sprache und Körpersprache mitteilen, auch beobachtete Bewegungen können eine unwillkürliche motorische Resonanz auslösen, die allerdings nicht unbedingt zu einer Handlung führen muss. Die im Beobachter einer Handlung nachweisbare Aktivierung der motorischen Gehirnareale kann aber zumindest einen Handlungsimpuls auslösen.

Lange bevor die modernen Neurowissenschaften den neuronalen Resonanzsystemen auf die Spur gekommen waren, hatte der Säuglingsforscher Andrew Meltzoff entdeckt, dass menschliche Neugeborene bereits kurze Zeit nach der Geburt Gesichtsausdrücke, die ihnen von Bezugspersonen dargeboten werden, mit einer Resonanzreaktion beantworten. Der Körper eines Säuglings beantwortet, trotz des Fehlens jeglicher bewusster Steuerungsfähigkeit, die von ihm beobachtete Mimik – zum Beispiel eine herausgestreckte Zunge – mit einer reziproken, also darauf Bezug nehmenden Aktion. Diese Prozedur braucht allerdings etwas Geduld und wissenschaftliches Durchhaltevermögen. Aber auch Laien dürfte, wenn sie Kontakt mit Säuglingen hatten, aufgefallen sein, wie leicht sich Säuglinge von der Laune ihrer Umgebung »anstecken« – also in Resonanz versetzen – lassen. Was sie ansteckt, ist die Körpersprache ihres Gegenübers, zu der unsere Mimik, aber auch der Sound unserer Stimme zu zählen sind. Das Schreien anderer Säuglinge lässt jeden Säugling sofort schreien, auch wenn es ihm selbst gerade eben noch gut ging. Auch die Art, wie wir einen Säugling anfassen, wie wir ihn tragen oder bei der Körperpflege behandeln, hat das Potenzial, Resonanzen auszulösen. Um Resonanz anzubahnen, muss der Säugling erkennen, dass er »gemeint« ist. Dafür von zentraler Bedeutung ist der Blickkontakt, die körperliche Hinwendung, eine Berührung oder eine Ansprache. Die Bedeutung der Ansprache ergibt sich beim Säugling allerdings nicht aus dem, *was* wir mitteilen, sondern aus der Stimme, also *wie* wir etwas sagen.

Damit ein Säugling mit seiner Bezugsperson in Kontakt kommen kann (und umgekehrt), ist nicht nur die Fähigkeit des Säuglings zur Resonanz von zentraler Bedeutung, sondern auch die der jeweiligen Bezugsperson. Beide Seiten kommen nur in Kontakt, wenn sie sich wechselseitig einstimmen. Bevor sie den Säugling zu einer Resonanz veranlassen, lassen sich einfühlsame Bezugsperson intuitiv ihrerseits vom aktuellen Zustand des Säuglings in Resonanz versetzen, damit sie ihn quasi da »abholen« können, wo er sich innerlich gerade befindet. Indem sie ihrer Resonanz eigene Elemente – zum Beispiel eine Aufmunterung, eine Tröstung oder eine Beruhigung – beimengt, kann die Bezugsperson das Geschehen zwischen sich und dem Säugling steuern. Das Ganze geschieht in der Regel intuitiv, also ohne eine bewusste Planung. Menschen sind von ihrer biologischen Ausstattung her für wechselseitige Resonanzprozesse »gemacht«. Wenn das Befinden des Säuglings uneindeutig ist, wird die Bezugsperson gleichsam abtastend körpersprachliche Zeichen (vor allem mittels des Blickes, der Stimme oder der Zuwendung des eigenen Körpers) anbieten und erkunden, wie sie den Säugling erreichen, also in Resonanz bringen kann. Dazu muss sie sich lebendig verhalten und sich spielerisch auf ihr Gegenüber einlassen können, eine Fähigkeit, die Computer oder Roboter nicht besitzen. Nichts erschreckt einen Säugling mehr als die sogenannte Still-Face Procedure, ein unverwandtes Anstarren des Kindes mit unbeweglichem Gesicht.

Die Fähigkeit, Resonanz hervorzurufen und selbst in Resonanz zu gehen, unterscheidet den Menschen von Computern mit Künstlicher Intelligenz. KI-Computer und von ihnen gesteuerte Roboter können darauf programmiert werden, die von ihnen mittels Sensoren wahrgenommene Mimik eines Menschen zu imitieren, sie können in den Klang der Stimme eines Menschen einstimmen und einem Menschen sagen, dass sie ähnlich fühlen wie das, was der betreffende Mensch gerade mitgeteilt hatte. Sie wirken dann, *als ob* sie in Resonanz gegangen wären, *als ob* sie mitfühlen oder gar, dass sie empathisch reagieren könnten. Mitarbeiter von Tech-Konzernen sind auf diese Täuschung auch schon »hereingefallen«. Tatsächlich sind Computer weder resonanz- noch empathiefähig, weil sie keine resonanzfähigen Strukturen haben.

Programmierte Computer können auf einem Bildschirm Regen *simulieren*, es wird dabei aber weder im Computer noch auf dem Bildschirm nass werden. Physiker können die Prozesse eines schwarzen Loches in einem Computer simulieren, sie werden aber weder in den Computer noch in den Bildschirm hineingezogen. Ebenso können Computer zwischenmenschliche Resonanz nach entsprechender Programmierung oder Training *simulieren*. Sie können den Eindruck erzeugen, sie seien empathisch. Tatsächlich können sie weder in Resonanz gehen noch wirklich mitfühlen, genauso wie sie keine Nässe und keine Schwerkraft erzeugen können. Wechselseitige Resonanzprozesse sind das Kernstück jeder personalen zwischenmenschlichen Beziehung. Für Säuglinge sind sie überlebenswichtig. Menschliche Säuglinge entwickeln ohne das Angebot einer Beziehung schwere Gesundheitsstörungen, Computer haben keinen intrinsischen Bedarf nach Beziehungen.

Neuronale Resonanzprozesse sind nicht nur am Beginn des Lebens, sondern lebenslang von Bedeutung. Im Kern jeder zwischenmenschlichen Beziehung stecken wechselseitig ablaufende Resonanzprozesse, denen wir uns nicht entziehen können. Sie geben uns unentbehrliche Informationen über das Befinden derjenigen Menschen, mit denen wir aktuell zusammen sind. Ohne die auf Resonanz beruhende, bei den meisten Leuten ganz ohne jede Anstrengung funktionierende, intuitive Einfühlung würde es uns sehr schwerfallen zu fühlen, was andere fühlen. Manche Menschen (deutlich unter 5 % der Bevölkerung), die oft erstaunliche technische oder mathematische Spezialbegabungen haben, sind von einer Funktionsminderung der neuronalen Resonanzsysteme betroffen. Sie gehören zum sogenannten autistischen Spektrum. Der Wunsch vieler Betroffener ist, nicht von einer Störung zu sprechen, sondern von Neurodiversität. Ich meine, dass dieser Wunsch zu respektieren ist.

Menschen mit autistischer Neurodiversität und einer technisch-mathematischen Spezialbegabung[33] finden sich bevorzugt in den Computerwissenschaften und in Tech-Konzernen, von denen sie sogar gezielt angeworben werden.[34] Wer neuronale Resonanzprozesse nicht selbst erleben konnte, tut sich schwer, sie zu erfassen und zu verstehen. Den neuronalen Resonanzsystemen, die auch als Spiegelsysteme bezeichnet werden, habe ich vor Jahren ein eigenes Buch gewidmet.[35] Der Philosoph Bernhard Irrgang formulierte sehr treffend: »Der Spiegelmechanismus verbindet Gehirne.«[36]

Die Entstehung des menschlichen »Selbst«

Menschliche Säuglinge sind, evolutionär betrachtet, Frühgeburten, auch dann, wenn sie lehrbuchgemäß in der 40. Schwangerschaftswoche das Licht der Welt erblicken. Änderungen des Körperbauplans des Menschen hatten in den vergangenen Millionen Jahren eine Vergrößerung des Kopfes zur Folge. Ein letzter Wachstumsschub erfolgte vor rund 600.000 Jahren.[37] Die Architektur des weiblichen Beckens hielt mit dieser Vergrößerung nicht Schritt. Um zu verhindern, dass Mütter und ihre Kinder den Geburtsvorgang nicht überleben, hat die Natur die Geburt des Menschen »vorverlegt«. Menschliche Säuglinge kommen wesentlich unreifer zur Welt als ihre Säugetier-Geschwister, beispielsweise junge Kätzchen, Welpen oder Fohlen.

Die Entwicklungsverzögerung des menschlichen Neugeborenen entspricht, abhängig davon, welche Kompetenzen man zugrunde legt, etwa eineinhalb bis zwei Lebensjahren. Die relative Unreife des menschlichen Säuglings zeigt sich vor allem im Stirnhirn, dem sogenannten präfrontalen Cortex. Dort ist der Ort der zentralen Steuerungsanlage des menschlichen Gehirns. Diese Anlage, die sogenannten Selbst-Netzwerke, wurde erst vor wenigen Jahren entdeckt. Sie haben alles Wissen des Menschen über die eigene Person und ihre Beziehung zur Welt gespeichert. Da das Stirnhirn, wie erwähnt, bei Geburt biologisch noch unreif und funktionsuntüchtig ist, hat das menschliche Neugeborene zum Zeitpunkt der Geburt noch kein »Selbst«. Es weiß weder, wer es ist, noch, wer die anderen sind, es kann auch zwischen innen und außen zunächst noch nicht trennen. Damit ergibt sich die Frage: Wie kommt das »Selbst« ins Kind?

Obwohl sie kein Selbst und daher auch kein Selbst-Bewusstsein besitzen, haben Neugeborene, solange sie nicht schlafen, eine ständige, kontinuierliche Wahrnehmung. Sie haben ein erlebendes Bewusstsein,[38] welches der Ausgangspunkt ihres bereits erwähnten Welt-Interesses ist. Sie haben, verglichen mit Erwachsenen, aber nur ein minimales Wissen, verfügen über einen nur sehr begrenzten Bestand von Informationen und besitzen nur eine sehr begrenzte Intelligenz. Säuglinge sind »der lebende Beweis« für einen der Grundirrtümer vieler Digital-Experten: Bewusstsein ergibt sich nicht aus Wissen oder Intelligenz. Bewusstsein einerseits und die Fähigkeit, viele Informationen speichern und miteinander verbinden zu können, sind nicht dasselbe. Mit Künstlicher Intelligenz ausgestattete Computer sind sozusagen das Gegenstück zum Säugling: Sie können gewaltige, die Kapazitäten des Menschen übersteigende Mengen an Informationen speichern und diese miteinander verknüpfen. Ein Bewusstsein haben sie aufgrund dessen aber noch lange nicht.

Wie nun aber kommt das »Selbst«, über das der Säugling zum Zeitpunkt seiner Geburt aufgrund der Unreife seines Stirnhirns noch nicht verfügt, ins Kind? Das Selbst bildet sich durch wechselseitige Resonanzprozesse in den ersten Lebensmonaten und -jahren. Wie bereits ausgeführt, haben sie den Körper zur Grundlage. Da das Kind in diesem Alter aber noch kein explizites Gedächtnis besitzt, hinterlassen die in den ersten beiden Lebensjahren gemachten Resonanzerfahrungen ihre Spuren im unbewussten Körpergedächtnis.[39] Sobald das Stirnhirn ausreichend herangereift ist, kann es erste kognitive Konzepte speichern. Welche Kognitionen wird es speichern? Die über Monate hinweg abgelaufenen wechselseitigen Resonanzerfahrungen beinhalten für den Säugling zwei basale Informationen: *dass* er ist und *wie willkommen* er ist. Der Säugling spürt, dass die zahlreichen ungerichteten Lebenszeichen, die er von sich gibt, in einer hohen Zahl der Fälle eine kontingente, auf ihn gerichtete Resonanzreaktion einer Bezugsperson zur Folge haben. Dadurch entsteht in ihm so etwas wie eine Ahnung, gleichsam ein erstes kognitives Sediment. Diese erste Kognition hätte, würde man sie explizit ausformulieren, den folgenden Inhalt: »Immer, wenn ich mich melde, kommt es draußen zu einer auf mich gerichteten Reaktion. Hier, auf meiner Seite, muss jemand sein. Und dort draußen ist auch jemand.«

Das nach der Geburt herrschende kognitive Chaos des Neugeborenen ordnet sich innerhalb der ersten zwei Jahre anhand einer ersten Orientierungsachse, die durch ein »Hier bin ich« und ein »Da draußen ist jemand anderes« gebildet wird. Eine zweite basale Information betrifft die Frage, inwieweit die affektive Tönung der Resonanzen den Säugling spüren ließ, dass er auf dieser Welt willkommen ist oder nicht. Beide Informationen (*dass* ich bin und *wer* ich bin) finden im Laufe der ersten zwei Lebensjahre Eingang in das Stirnhirn und bilden den Kern des kognitiven Selbst. *Seine Herkunft verdankt das Selbst beim Menschen also vor allem sozialen Erfahrungen.* Seine neuronalen Korrelate befinden sich in der unteren Etage des Stirnhirns,[40] in einer Zone hinter dem roten Bindi-Punkt, den manche indische Frauen zwischen den Augenbrauen tragen. Kinder zeigen durch ihr Verhalten ab etwa der Mitte des zweiten Lebensjahres, dass sie über diese beiden grundlegenden Fragen Bescheid wissen.

Fazit: Die Entstehung eines Selbst setzt soziale Resonanzprozesse voraus, die sich über viele Monate zwischen dem Säugling und seinen Bezugspersonen abspielen. Das Kind kann sich nur darauf einlassen, wenn es sich bei seinen Bezugspersonen sicher fühlt. Um ein stabiles Selbst entstehen zu lassen, müssen die dem Kind zurückgespielten Resonanzen in sich hinreichend konsistent sein. Die Bezugspersonen sollten daher nicht nur verlässlich, sondern auch dauerhaft anwesend sein und nicht ständig wechseln. Da Bezugspersonen ihr Verhalten immer wieder feinfühlig auf die individuelle Situation des Kindes abstimmen müssen, kommen für die Betreuung eines Kleinkindes keine digitalen Endgeräte und keine KI-ausgestatteten Maschinen oder Roboter infrage, sondern nur reale, einfühlsame Menschen. Menschen geben sich lebenslang gegenseitig Resonanzen, die sich auf unser Selbst auch jenseits der Kindheit weiterhin auswirken. Das Selbst des Menschen ist nicht in Stein gemeißelt, sondern unterliegt, nachdem sich am Beginn des Lebens ein erster Selbst-Kern gebildet hat, einem lebenslangen weiteren Entwicklungsprozess. Das Selbst ist weit mehr als ein Informationsspeicher. Es ist ein soziales Organ und daher etwas grundsätzlich anderes als eine Maschine.

Die Du- und Wir-Bezogenheit des menschlichen Selbst

Dass das menschliche Selbst, wie geschildert, seine Herkunft frühen sozialen Resonanzerfahrungen verdankt, ließ eine Entdeckung, die zunächst recht überraschend war, auf den zweiten Blick dann doch sehr plausibel erscheinen: Die menschlichen Selbst-Netzwerke repräsentieren nicht nur das eigene Selbst, sondern auch das von uns nahestehenden anderen Menschen.[41] Die neuronalen Selbst-Netzwerke werden auch dann aktiv, wenn wir über nahestehende Andere nachdenken. Umgekehrt betrachtet, werden neuronale Netzwerke, die unsere inneren Vorstellungen über die Identität von uns nahestehenden Menschen abgespeichert haben, auch dann aktiviert und benützt, wenn wir uns über uns selbst Gedanken machen. »Selbst«, »signifikanter Anderer« und »Wir« machen ohne Frage einen Unterschied, es sind tatsächlich aber keine scharf voneinander abgegrenzten Konzepte. Stattdessen zeigt sich eine erhebliche Überlappung ihrer neuronalen Korrelate. Natürlich kann ein gesundes Gehirn zwischen Selbst und Anderer unterscheiden, was durch ergänzende, inzwischen ebenfalls gut erforschte Netzwerke sichergestellt ist.[42] Wenn diese Fähigkeit aber verlorengeht, zum Beispiel durch die Einnahme bestimmter Drogen oder aufgrund einer Psychose-Erkrankung, dann tritt die untergründige Überlappung zwischen Selbst und Nichtselbst zutage. Die Betroffenen haben dann Schwierigkeiten, zwischen Ich und Du zu unterscheiden, und können beispielsweise nicht mehr sicher sagen, ob ein in ihnen auftauchender Gedanke von ihnen oder von ihrem Gegenüber stammt.

Die Überlappung der neuronalen und psychischen Entsprechungen für »Selbst« und »nahestehender Anderer« ist keine neurobiologische Kuriosität und gehört keineswegs ins Reich der Pathologien, sondern findet sich auch im subjektiven Erleben gesunder Menschen wieder. Dies wird deutlich, wenn zwei Liebende das Gefühl haben, der Partner oder die Partnerin sei zu einem Teil des eigenen Selbst geworden. Ein ähnlicher Fall liegt vor, wenn wir nahezu sicher zu wissen meinen, wie sich ein uns langjährig sehr nahestehender anderer Mensch in einer bestimmten Situation, mit der er akut konfrontiert wurde, verhalten wird. Die umgekehrte Situation würde vorliegen, wenn wir uns fragen, wie sich ein solcher Mensch in einer Situation verhalten würde, in der wir selbst gerade stehen, und wenn diese Einschätzung dann starken Einfluss auf unsere Entscheidung hätte. Besonders deutlich sichtbar wird die Überlappung zwischen Ich und Du, wenn uns ein Mensch, der uns sehr nahegestanden hat, durch Trennung, Unfall oder Tod verlorengeht. Viele Menschen erleben dann ein Gefühl und drücken es oft auch so aus, als ginge ein Teil ihres »Selbst« verloren.

Dass Selbst und Anderer sich überlappen, kommt nicht von ungefähr, sondern ist das Ergebnis von Internalisierungsvorgängen im Rahmen einer länger dauernden Beziehung. Den Kern jeder zwischenmenschlichen Beziehung bilden Resonanzprozesse, die im Prinzip dem entsprechen, was sich auch zwischen einem Säugling und seinen Bezugspersonen ereignet und bereits ausführlich dargestellt wurde. Der Unterschied zwischen der Situation des Säuglings und der eines Erwachsenen ist, dass Erwachsene die ihnen entgegengebrachten Resonanzreaktionen wahrnehmen, diese mit bewussten Überlegungen begleiten und bewusst reagieren können. Begleitendes bewusstes Nachdenken über die bei jeder zwischenmenschlichen Begegnung intuitiv ablaufenden Resonanzvorgänge kann überaus hilfreich sein, vor allem dann, wenn wir *negativen* Resonanzen ausgesetzt sind. Trotzdem prallen Resonanzen, die uns als Antwort auf unsere Präsenz entgegengebracht werden, nicht einfach an uns ab. Vor allem wenn sie uns wiederholt oder andauernd begegnen, dringen sie in uns ein und werden über kurz oder lang zu einem Teil des Selbst. Säuglinge und Kinder sind den Resonanzen, die sie auf ihr eigenes Verhalten zurückerhalten, schutzlos ausgesetzt. Wenn ein Kind feststellt, dass sein Erscheinen oder Auftreten mit positiven Resonanzen beantwortet wurde, können diese sich positiv auf sein Selbst(-Bewusstsein) auswirken. Aber auch das Gegenteil kann der Fall sein. Auch neurowissenschaftliche Studien zeigen eine massive Aktivierung (oder Inaktivierung) der Selbstnetzwerke, wenn Menschen hören, dass andere sich positiv (oder negativ) über sie geäußert haben.[43]

Zwischenmenschliche Beziehungen schaffen Realität, ihr Verlust ist Realitätsverlust

Wenn eine länger dauernde, vorzugsweise positive zwischenmenschliche Beziehung zu einer Verbindung von Anteilen des »Selbst« der beiden beteiligten Personen geführt hat, spricht die Psychologie von einer »Bindung«. Menschen sind auf Bindung angelegte und angewiesene Wesen, ein ihnen von der Evolution mitgegebenes intrinsisches Merkmal, welches Computer, auch wenn sie mit KI ausgestattet sind, nicht besitzen. Ist zwischen zwei Menschen eine Bindung gewachsen, kann sie auch dann, wenn beide auseinandergehen, nicht einfach ungeschehen gemacht werden. Bindungen bleiben Teil der Geschichte und der Identität eines Menschen. Die ersten Bindungen am Beginn des Lebens, vorzugsweise die Beziehung zur Mutter (oder zu einer sie vertretenden Ersatzperson), hinterlassen einen besonders tiefen Abdruck im Selbst des Menschen. Spätere Beziehungen können diesen Abdruck weiter vertiefen, aber auch – im Sinne einer korrigierenden Erfahrung – überschreiben.

Der einem Menschen zugefügte Abbruch einer Beziehung kann, wenn sich eine starke Bindung entwickelt hatte, traumatisch sein und zu Irritationen oder Störungen des Selbstgefühls führen, insbesondere zu Selbstwerteinbrüchen oder Abwesenheitszuständen. Warum Abwesenheitszustände? Mit jedem Menschen, zu dem eine Bindung bestand, geht, wenn er uns verlorengeht, ein Stück Realität verloren. *Zwischenmenschliche Beziehungen schaffen Realität.* Menschen ohne Beziehungen stehen nicht in gutem Kontakt mit der Realität. Damit Menschen bei unvermeidlichen Trennungen oder Ablösungsvorgängen (zum Beispiel bei der Ablösung von den Eltern am Ende der Jugend oder bei Trennungen anderer Art) gesund bleiben können, bedürfen sie der Möglichkeit, über ihr Erleben zu sprechen.[44]

Mit KI ausgestattete sogenannte Chatbots, die demnächst auch mit Sprachkompetenz ausgestattet sein werden, sind in der Lage, Unterhaltungen zu führen, in denen ein menschlicher Gesprächspartner über weite Strecken hinweg nicht erkennen kann, ob er mit einer Maschine oder mit einem anderen Menschen spricht (siehe Kapitel 5). Wenn Menschen nicht mehr unterscheiden können, ob ihr Gegenüber ein Computer oder ein natürlicher anderer Mensch ist, dann hat der zum Einsatz gekommene Computer den sogenannten Turing-Test bestanden. Ein bestandener Turing-Test bedeutet lediglich, dass die Täuschung perfekt gelungen ist, nicht aber, dass die Maschine ein Bewusstsein hat. Chatbots und Sprachcomputer produzieren Sprache nach Wahrscheinlichkeits-Algorithmen. Sie wissen nicht, wovon sie reden, und verstehen nicht, was sie sagen. Wenn man sie intelligent genug fragt, offenbart sich ihr Unverständnis (Beispiel: Auf die Frage, ob eine Tonne Federn oder eine Tonne Stahl schwerer wiege, antwortete der Chat-GPT der Firma Open AI, eine Tonne Stahl wiege mehr als eine Tonne Federn; inzwischen wurde nachgebessert – der Chatbot gibt jetzt eine richtige Antwort).

Da Menschen, wie schon erwähnt, eine Sehnsucht nach Beziehung und Bindung haben, kann ein länger dauernder Umgang mit einem KI-Sprachcomputer bei den Betroffenen zu einer Beziehung, im Prinzip sogar zu einer Bindung führen. Besonders leicht wird dies geschehen, wenn der KI-Computer in einem Roboter untergebracht ist, der nicht nur die menschliche Sprache, sondern auch die Mimik beherrscht. Maria Schrader drehte dazu den 2021 erschienenen Film *Ich bin dein Mensch*. Fälle dieser Art hat es tatsächlich bereits gegeben. Blake Lemoine, ein Software-Ingenieur des Google-Konzerns, war über längere Zeit mit einer von »Google Brain« entwickelten KI-Maschine, einem Chatbot namens LaMDA (»Language Model for Dialogue Application«), befasst. Nach einer Reihe von »Unterhaltungen« mit LaMDA war er überzeugt, die Maschine habe ein Bewusstsein und dürfe Menschenrechte beanspruchen.[45] Es geht mir an dieser

Stelle nicht um die Frage, ob Blake Lemoine recht hatte oder nicht (natürlich unterlag er einer Täuschung, was ihm auch seine Vorgesetzten zurückmeldeten), sondern darum, deutlich zu machen, welche Risiken sich für die psychische Gesundheit ergeben können, wenn mit KI ausgestattete Computer auf beziehungsbedürftige Menschen losgelassen werden. Den Schaden, den sie bei Kindern anrichten können, kann man nur erahnen.

Beziehungs-, Realitäts- und Menschlichkeitsverluste in der Gesellschaft

Die Menschheit ist verunsichert. Kein Wunder: Die Klimakrise schreitet voran. Wir erleben neue Kriege. Die Pandemie hat uns geschwächt. Und nun kaufen die digitalen Maschinen unserer Spezies auch noch den Schneid ab. Unsere Spezies wirkt, als stehe sie neben sich. Wir spüren nicht mehr, wer wir wirklich sind und wo unsere Stärken liegen. Verunsicherte Kinder machen in einer schwierigen Situation erst recht alles falsch. Und so droht es auch uns zu ergehen. Wir glauben nicht mehr an das uns von der Evolution mitgegebene Erfolgsrezept:

- Die Bereitschaft, sich mit der ungeschönten analogen Realität auseinanderzusetzen
- Anstrengungsbereitschaft und Mut
- In der Pädagogik mit Lernenden, in der Medizin mit Kranken und im Arbeitsleben mit Kolleg:innen und Kund:innen gelingende Beziehungen zu gestalten
- Bildung, Qualifikation und ständige Weiterbildung

- Persönliche Präsenz
- Diskurse ausschließlich mit offenem Visier zu führen
- Soziale Fairness und gegenseitige Unterstützung

Stattdessen suchen wir die Rettung in der besinnungslosen Unterwerfung unter ausgerechnet jene Systeme, die uns bei unkontrolliertem Gebrauch genau jene Zuflüsse abklemmen, die dem Menschen Energie und Selbstvertrauen geben könnten. Auch hier erinnert die Situation an das Mittelalter: Wenn es nicht gut lief, dann lag es am Zuwenig an Frömmigkeit, dann wurde noch verschärft, was eigentlich Teil das Problems war. Anstatt sie zu einem wertvollen Werkzeug unter unserer Kontrolle zu machen, erheben die Propheten und Retter unserer Tage den Ruf nach einer Durchdigitalisierung der Welt. »Identifikation mit dem Aggressor« oder »Stockholm-Syndrom« nennt die Psychologie einen solchen Seitenwechsel, bei dem Schafhirten plötzlich mit den Wölfen heulen. Nicht wenige bringen dabei auch ihre finanziellen Schäfchen ins Trockene.

Die digitalen Systeme können fantastische Tools sein, wenn wir sie als Werkzeuge unter unserer Kontrolle verwenden. Wir dürfen aber nicht zulassen, dass sie uns von unserer wichtigsten Energiequelle – und das sind analoge zwischenmenschlichen Beziehungen – abschneiden. Je mehr Endgeräte und Bildschirme unsere analogen Kontakte ersetzen, desto höher der Preis zulasten unserer seelischen und körperlichen Gesundheit. Das gilt vor allem für Kinder und Jugendliche. Vor dem zehnten Lebensjahr behindern digitale Endgeräte, wie unzählige Studien nachgewiesen haben, die emotionale und kognitive Entwicklung und gefährden die kindliche Gesundheit.[46] Medizinische und psychologische Expertinnen und Experten sind daher der Meinung, dass digitale Endgeräte in den Händen von Kindern unter zehn Jahren, und damit auch in Kitas und Grundschulen, nichts zu suchen haben.[47] Umso erstaunlicher ist, wenn sogenannte Wissenschaftliche Kommissionen, in denen kein einziger Kinderarzt oder Kinder- und Jugendpsychiater sitzt, das Gegenteil empfehlen.[48] Bei Kindern und Jugendlichen ab dem zehnten Lebensjahr geht es vor allem darum, sie vor dem Suchtpotenzial digitaler Angebote zu bewahren (siehe dazu Kapitel 3). Eltern als Vorbilder, Gesprächspartner und Wächter über die Einhaltung vereinbarter Regeln spielen hier eine entscheidende Rolle. Ganz ausgezeichnet ist, wenn Jugendliche aus dem passiven in den aktiven Modus kommen und lernen, selbst digitale Werkzeuge zu bauen und zu programmieren.

Als wertvolle Tools können digitale Systeme auch in der Medizin und im Arbeitsleben dienen. In der Medizin können sie behinderten Menschen verlorengegangene Körperteile ersetzen, neurologischen Patienten die Fähigkeit zurückgeben zu kommunizieren und Pflegekräften schwere körperliche Arbeit abnehmen.[49] Andrerseits besteht die Gefahr, dass Computer sowohl in der Medizin als auch in der Wirtschaft eingesetzt werden, um zwischenmenschliche Kontakte zu ersetzen. Wo persönliche Treffen von Angesicht zu Angesicht abnehmen, nehmen die soziale Entfremdung und Isolation zu, das »Sozialkapital« sinkt und beraubt die Beschäftigten ihrer Energie.[50] Die direkte persönliche Beziehung zwischen Pflegekräften und ärztlichem Personal einerseits und Patientinnen und Patienten andrerseits ist von überragender Bedeutung für die Qualität medizinischer Behandlungen. Gefährliche Trends gehen dahin, dass Ärztinnen und Ärzte ihre medizinische Entscheidungskompetenz an digitale Algorithmen abgeben, sowohl was die Diagnose als auch was die Behandlung betrifft. Hier drohen wir (Ärztinnen und Ärzte) zum Instrument der digitalen Systeme zu werden, anstatt umgekehrt die Systeme als Werkzeuge unter unserer Kontrolle zu benutzen. Die Kommerzialisierung der Medizin birgt in diesem Zusammenhang außerdem die Gefahr, dass die Algorithmen ärztliche Entscheidungsfindungen nach Aspekten der Profitmaximierung der Klinikeigner beziehungsweise der Investoren ausrichten, die inzwischen dabei sind, auch immer mehr niedergelassene Arztpraxen aufzukaufen.[51]

Unsere westlichen Gesellschaften sind verunsichert. Wir haben rückblickend sicher einiges falsch gemacht. Auch die Pandemie hat uns zugesetzt. Doch die Unterwerfung unter die totale Digitalisierung aller Lebensbereiche und der Abmarsch von immer mehr Menschen aus der Realität in die digitalen Räume des Internets sind keine Lösungen, sondern machen die Lage noch schlimmer. Sie machen uns Menschen zu einem kopflosen, leicht manipulierbaren Hühnerhaufen. Die Spaltung unserer Gesellschaft ist erheblich, knapp die Hälfte der Menschen verneint, man könne bei gegensätzlichen Themen durch Gespräche zusammenfinden. Die Einsamkeit innerhalb unserer Gesellschaften hat, neuesten Studien zufolge, bedenkliche Ausmaße angenommen.[52] Einsamkeit aktiviert die Schmerz- und Stresssysteme. Der Gebrauch von schmerzstillenden Mitteln und Psychopharmaka ist enorm.[53] Vieles spricht dafür, dass immer mehr Menschen das Gefühl haben, es in der Realität nicht mehr auszuhalten, und daher in die virtuellen Räume auswandern (siehe das nachfolgende Kapitel 3). Soziale Verbundenheit gehört erwiesenermaßen zu den stärksten Vorhersagefaktoren für die Bewahrung der Gesundheit und für ein langes Leben.[54] Wir müssen zurückfinden zum wichtigsten Merkmal, das uns als Menschen ausmacht, wir müssen zurückfinden in unsere Kraft – und in die Realität.

3. KAPITEL

Die digitale Inbesitznahme des Menschen: Wenn Werkzeuge ihre Besitzerinnen und Besitzer beherrschen

»Eventually the dying man takes his final breath, but first checks his newsfeed to see what he's 'bout to miss.«

Father John Misty, *Ballad of the Dying Man*

Es war ein heißer sonniger Tag im August 2022, die Pandemie war noch im Gange, als ich in einem überfüllten ICE nach Berlin zurückfuhr. Ich hatte Glück und konnte im Speisewagen noch einen Platz finden, der Service war pandemiebedingt geschlossen. Ich las die englische Ausgabe von David Chalmers' neuem Werk *Reality+* (siehe dazu Kapitel 4). Mir gegenüber saß eine junge Frau und sprach mich an und erkundigte sich nach meinem Beruf, sie hatte wohl einen Verdacht. Sie war eine in Kanada lebende, aus Afghanistan geflüchtete Lehrerin, hatte sich in ihrer neuen Heimat gut integriert und besuchte jetzt Deutschland. Als ich ihr geantwortet hatte, dass ich Arzt und Psychotherapeut sei, fragte sie mich, was sie gegen ihre Panikattacken tun könne. Ich beriet sie, wobei ich mich bemühte, leise zu sprechen, schließlich waren wir umringt von Leuten. Nach etwa fünfzehn Minuten wandte ich mich wieder meinem Buch zu, als mir von hinten ein Mann ganz vorsichtig freundlich auf die Schulter tippte. Ich drehte mich um, er war eine Person of Color, er entschuldigte sich, aber er habe gehört, dass ich Psychiater sei, ob er mir bitte kurz die Situation seiner Tochter erzählen dürfe. Es war heiß, der Zug war voll, raste mit über 200 km/h durch Mitteldeutschland, und ich war dabei, eine mobile englischsprachige Praxis zu eröffnen. Die Situation hatte etwas Filmreifes.

Einige Tage später suchte Lakshmi, eine schüchterne junge Heranwachsende, meine Praxis auf.[55] Ihre Familie stammte aus einem südostasiatischen Land und lebte schon einige Jahre in Deutschland. Der Vater war Ingenieur und von der Firma seines Herkunftslandes hierher entsandt worden. Wie ihre Eltern, so war auch Lakshmi eine Person of Color. Sie sprach fließend deutsch. Sie hatte, da die Familie innerhalb Deutschlands umgezogen war, vier Monate vor unserem ersten Gespräch die Schule gewechselt. Die Aufnahme in ihrer neuen Klasse war ungut verlaufen. Im direkten Kontakt verhielten sich ihre Mitschülerinnen und Mitschüler ihr gegenüber zwar korrekt, andernfalls hätten die Lehrkräfte interveniert. Anders im Netz. Alle Mädchen waren – einzeln und in Gruppen – auf sozialen Netzwerken präsent, über die sie, wie üblich, ständig kommunizierten.

Zwischen den Mitschülerinnen herrschte ein ständiges Sich-Vergleichen, wer hatte mehr Likes, mehr Herzchen, mehr Follower, wer stand gut da und wer war abgehängt? Lakshmi hatte keinen guten Stand und wurde »gedisst«.[56] Krank wurde sie nach folgendem Vorfall: Das Mädchen, welches im Klassenzimmer direkt neben ihr saß, hatte zu Hause Ärger bekommen, weil ihre Mutter sie erwischt hatte, als sie im Internet einen von der Mutter verbotenen Link aufgerufen hatte. In ihrer Not log die Mitschülerin ihre Mutter an und behauptete, der Link sei ihr von Lakshmi zugesandt worden. Was zur Folge hatte, dass die Mutter sich bei Lakshmis Mutter beschwerte. Am folgenden Tag saß die Intrigantin wieder direkt neben Lakshmi und tat so, als sei nichts gewesen. In diesem Moment traten bei Lakshmi schwere Symptome auf.[57]

Lakshmi kam in eine Klinik, in der wochenlang erfolglos nach organischen Ursachen gesucht wurde. In ihrer Hilflosigkeit planten die Ärzte, versuchsweise ein Medikament einzusetzen, welches für die Behandlung einer Aufmerksamkeits-Hyperaktivitätsstörung vorgesehen ist, die bei Lakshmi aber mit Sicherheit nicht vorlag. Dies war der Stand der Dinge, als mir im ICE der oben erwähnte Herr von hinten sanft auf die Schulter tippte. Ich veranlasste die Klinikentlassung und behandelte Lakshmi. Die Symptome besserten sich innerhalb kurzer Zeit. Lakshmi wechselte in eine andere Klasse. Nur eine Sache verwunderte mich: Obwohl sie von den Kameradinnen ihrer alten Klasse in den sozialen Netzwerken weiterdiskriminiert wurde, meldete Lakshmi ihren Account dort nicht ab, auch nicht, als ich diese Möglichkeit in zwei Therapiestunden hintereinander erwähnte. Es brauchte etwas Zeit, bis ich begriffen hatte, was wohl die meisten erwachsenen Menschen nur schwer begreifen können oder nicht ernst genug nehmen: Die sozialen Netzwerke waren für Lakshmi der einzig relevante Wirklichkeitsraum. Sich dort abzumelden, empfand sie so, als hätte ich ihr vorgeschlagen, die Erde zu verlassen und sich auf dem Mond eine Bleibe zu suchen. Lakshmi ist nicht allein. Hunderte von Millionen Lakshmis auf dieser Erde befinden sich in der Falle von digitalen Angeboten, die ihr Leben durcheinanderbringen.

Smartphones: Der Verlust der Präsenz

Eine erwachsene Bezugsperson mit einem Kind, entweder unterwegs, zu Hause oder in der Kita. Das Kind sucht die Aufmerksamkeit des Vaters, der Mutter, der Betreuerin oder des Betreuers. Niemand spricht, doch wer die Situation einfühlend wahrnimmt, hört geradezu eine Kinderstimme: »Sieh mich, erzähle mir, lass mich deine Stimme hören, freue dich an mir!« Doch die erwachsene Person ist, indem sie den Blick ständig oder in kurzen Abständen auf ihr Handy richtet, mehr im Kontakt mit ihrem digitalen Endgerät als mit dem Kind in ihrer Begleitung. Auch wenn sie gerade nicht aufs Handy schaut, ist sie geistig nicht voll präsent, sondern »woanders«. Auch dazu könnte man sich eine Stimme vorstellen: »Ist nicht vielleicht gerade wieder von irgendwoher eine Nachricht für mich eingetroffen? Wer sieht mich?« Die erwachsene Person ist mental nicht da, wo sie sich real aufhält. Das Kind in ihrer Anwesenheit spürt diesen Präsenzverlust, die erwachsene Person spürt ihn nicht, sie ist wie in Trance und missachtet, was ihre mentale Abwesenheit mit dem Kind und mit ihr selbst macht. Lassen wir das Mit-dem-Finger-auf-andere-Zeigen. Personen, die sich verhalten wie hier geschildert, das sind nicht »die Anderen«, das sind *wir*.

Nicht nur Kinder, wir alle sind betroffen. Wir sehen Liebespaare oder solche, die es einmal waren, Arm in Arm auf der Straße flanierend: Er hat im rechten Arm die Partnerin, links das Handy am Ohr. Wir treffen Verabredungen mit einer Kollegin oder einem Freund zu einem kurzen Gespräch beim Lunch oder sind auf einer Abendeinladung, überall dasselbe: Personen, die sich doch eigentlich wechselseitig Zeit füreinander genommen haben, die beisammenstehen oder sich gegenübersitzen, sie alle sind sich offenbar nicht genug – oder nicht wichtig genug –, als dass man nicht ständig einen kurzen Blick auf das in der Hand gehaltene oder neben dem Teller abgelegte Smartphone werfen würde. Viele finden inzwischen nichts mehr dabei, in derartigen Situationen das Gerät mit einem »Entschuldigung, ich muss mal kurz« aus der Tasche zu ziehen und ans Ohr zu nehmen, nachdem es einen Anruf signalisiert hat. Ständig ereignet sich ein Verlust an Gegenwärtigkeit, an Präsenz, an tatsächlicher Zugewandtheit, und letztlich an Realität. Das Problem sind nicht »die Anderen«, auch nicht die Smartphones. Das Problem sind wir. Aber ist es überhaupt ein »Problem«?

Von Mitmenschen wahrgenommen und beachtet zu werden, ist das stärkste aller menschlichen Bedürfnisse. Die Zugewandtheit anderer gibt uns Energie, macht, dass wir uns lebendig fühlen und Lust aufs Leben haben. Die Sehnsucht, von Anderen »gesehen« zu werden, ist eine im Menschen verankerte Grundmotivation, sie ist der stärkste aller Triebe. Schon Charles Darwin hat das so gesehen, er sprach von den

»sozialen Instinkten« des Menschen.[58] Was menschliches Verhalten antreibt, lässt sich heute objektiv erforschen, weil wir den neuronalen Systemen bei der Arbeit zuschauen können, die unser Verhalten auf ein Ziel ausrichten. Sie tun dies, indem sie unseren Körper, wenn wir ein lohnenswertes Ziel in Aussicht oder erreicht haben, mit Wohlfühlbotenstoffen belohnen. Jemandem ohne Anlass Schaden oder Schmerz zuzufügen, lässt diese Systeme nicht anspringen. Was die neuronalen Motivationssysteme aktiv werden lässt, ist Beachtung, Anerkennung und Zugehörigkeit, kurz: die Sympathie anderer Menschen.

Der Wunsch nach zwischenmenschlichem Kontakt ist der Trigger, den Smartphones und soziale Medien bedienen. Doch anstatt uns glücklich gemacht zu haben, tun sie – so stellen Ärztinnen und Ärzte, Psychologinnen und Psychologen in wissenschaftlichen Untersuchungen seit Jahren fest – genau das Gegenteil. Wie kann das sein? Wenn das Smartphone den Trigger aktiviert, während wir mit einem anderen Menschen zusammen sind, läuft unbewusst Folgendes ab: Denjenigen Menschen, dessen Anwesenheit und Aufmerksamkeit gerade auf mich gerichtet ist, den habe ich – so unser unbewusstes Denken – sozusagen sicher in der Tasche, der kann mir jetzt nicht verlorengehen und läuft mir nicht davon. Die zusätzliche Dosis Aufmerksamkeit, die mir eine im Handy eingehende Nachricht oder ein Anruf verspricht, könnte mir aber, so fürchten wir, verlorengehen, die darf ich mir jetzt nicht entgehen lassen. Das klingt zunächst nachvollziehbar, doch diese Rechnung geht nicht auf. Den Schaden hat sowohl der »Täter«, der dem ablenkenden Reiz folgt, als auch das »Opfer«, dem die Aufmerksamkeit entzogen wird.

Wenn ich während einer analogen Begegnung meine Präsenz reduziere, weil ich mit meiner Aufmerksamkeit beim Handy bin, verliert das mir entgegengebrachte Interesse meines aktuellen Gegenübers seinen psychologischen »Nährwert«. Wie erwähnt hat das Interesse eines anderen Menschen eigentlich das Potenzial, meine Wohlfühlsysteme zu aktivieren. Doch das passiert nur, wenn ich der Zuwendung, die mir durch die analoge Präsenz meines aktuellen Gegenübers angeboten wird, meine *ungeteilte* Empfangsbereitschaft entgegenbringe. Ohne *ungeteilte* Präsenz kann die Zuwendung eines anderen Menschen mein Motivationssystem nicht erreichen, so wie ein Päckchen nicht zugestellt werden kann, wenn der Adressat nicht zu Hause ist, sondern sich »woanders« aufhält. Damit mir das Interesse oder Wohlwollen meines real anwesenden Gegenübers guttun kann, muss ich mich auf diese Person *einlassen.*[59] Indem das Smartphone und die auf ihm installierten Applikationen unsere sozialen Kontakte *quantifizieren*, also zu einer zählbaren Ware machen, erleiden wir einen entscheidenden *qualitativen* Verlust.

Auch wenn uns Smartphones das Gegenteil suggerieren: Viele Kontaktaufnahmen bedeuten nicht immer mehr soziale Verbundenheit. Nehmen wir an, wir sitzen im Außenbereich eines Restaurants mit guter Küche, jemand hat uns zum Essen eingeladen. In kurzen Abständen kommt nun ständig jemand vorbei und drückt den an den Tischen sitzenden Personen Flyer in die Hand, die auf nahe gelegene andere Restaurants verweisen. Was sind die Folgen, wenn Sie als eingeladener Gast Ihres Gegenübers sich jedes Mal den Ihnen von dritter Seite angebotenen Flyer in die Hand geben lassen, einen kurzen interessierten Blick darauf werfen und ihn sorgsam neben sich ablegen? Wir produzieren mit einem solchen Verhalten eine Störung der Beziehung. Am Ende des Rendezvous wird der Genuss- und Nährwert der Begegnung entscheidend verringert sein. Smartphones machen soziale Kontakte zu einem quantitativ bestimmbaren Ereignis und zerstören, was wirklich zählt: dass wir uns dann, wenn wir einen anderen Menschen in analoger Präsenz bei uns haben, aufeinander einlassen.

Die destruktive Wirkung geteilter Aufmerksamkeit wird klar, wenn wir reflektieren, wie es den »Opfern« geht, also Menschen, die sich auf eine reale Begegnung einlassen und erleben, wie ihr Gegenüber »woanders« ist. Wir alle wissen, wie sich eine solche Erfahrung anfühlt. Viktor Frankl, Begründer der Logotherapie, hat uns gelehrt, dass sich der Sinn des Lebens dadurch erschließt, dass wir die Fragen hören und beantworten, die das Leben in konkret gegebenen Situationen an uns stellt.[60] Mir kam dieser Hinweis Frankls in den Sinn, während ich dieses Buch schrieb, als meine 18-monatige Enkelin, die zu Besuch war und gerade das Laufen gelernt hatte, immer wieder einmal an meinen Schreibtisch kam, ihre Ärmchen hob, ihre kleinen Händchen auf die gläserne Tischplatte legte und mich, ohne etwas zu sagen, frontal mit großen Augen anblickte. Die Präsenz von Kindern richtet, wenn sie sich an uns wenden, jene Fragen an uns, von denen Viktor Frankl sprach. Auch wenn die Kinder sie nicht aussprechen, lautet die Frage: »Ich bin da, siehst du mich, beschäftigst du dich mit mir?« Haben wir verlernt zu fühlen, was es bedeuten würde, in einer solchen Situation das Handy zur Hand zu nehmen oder, was in meinem Falle gleichbedeutend gewesen wäre, weiter in die Tastatur des Laptops zu schlagen und das Kind stehen zu lassen? Sollte eine solche Nichtbeachtung nicht jedem das Herz brechen?

Dass sie ihr ganzes Interesse auf ihre Bezugspersonen richten, von diesen aber nur geteilte Aufmerksamkeit erhalten, weil die Erwachsenen »woanders« sind, erleben Millionen Kinder viele Male am Tag. Kann es verwundern, dass Kinder und Jugendliche, sobald sie selbst über eines der digitalen Endgeräte verfügen, sich nun ihrerseits von ihren Eltern nicht mehr ansprechen lassen wollen und aktiv wiederholen, was sie einst erlebt haben? Meine kleine Enkelin hat es gut erwischt: Sie wohnt in einem südeuropäischen Land, wo die meisten erwachsenen Bezugspersonen noch eine Freude daran haben, mit ihren Kindern in direktem Kontakt zu sein. Smartphones können fantastische Werkzeuge sein, solange sie uns nicht unserer Menschlichkeit berauben und solange *wir* entscheiden, wann und wie wir sie verwenden, anstatt dass sie umgekehrt *uns* zu ihrem Werkzeug machen.

Die durch Smartphones verursachten Beziehungsstörungen sind inzwischen derart verbreitet, dass sie zu wissenschaftlichen Untersuchungen Anlass gegeben haben. In einer an mehreren Hundert in einer Partnerschaft lebenden Probandinnen und Probanden durchgeführten Studie berichteten über 90 %, durch den Blick oder den Griff zum Handy während des Beisammenseins mit dem Partner eine Brüskierung erlebt zu haben.[61] Die Sozialforscher nennen diesen Vorgang »Phubbing«, eine Wortkreation aus »Phone« und »Snubbing« (Englisch »snubbing«: jemanden brüskieren oder vor den Kopf stoßen). Die Betroffenen erlebten das Verhalten ihrer Partner als herabwürdigend und Stress auslösend. Das Gefühl, sich beim Partner sicher und geborgen fühlen zu können, war beeinträchtigt. Das gleiche Bild ergab sich in einer englischen Studie, wo die von Phubbing Betroffenen über eine dadurch verursachte massive Verschlechterung der Beziehungsqualität berichteten, zusätzlich über Ärger und Revanchegelüste.[62]

Soziale Medien I: Die Gründerphase

Ihre so eindrucksvolle Fähigkeit, unsere Aufmerksamkeit an sich zu ziehen und unsere Präsenz zu sabotieren, hätten Smartphones nicht entwickeln können ohne die auf ihnen installierten Anwendungen, die sogenannten Apps (Applications). Neben den Videospielen, auf die wir später eingehen werden, betrifft dies vor allem die sogenannten sozialen Medien oder Netzwerke (englisch: Social Media). Zu ihnen zählen die Plattformen Facebook, Instagram, Tiktok, Snapchat, Twitter und weitere.[63] Die sozialen Medien haben das Leben von Milliarden Menschen verändert. Sie haben es bei einem nicht geringen Teil von ihnen in eine erhebliche Schieflage gebracht und viele krank werden lassen. Wir reden nicht von Problemen, die nur kleine Minderheiten betreffen. Siebzig Prozent der Weltbevölkerung haben Handys, 3,5 Milliarden Menschen sind bei Facebook und Instagram angemeldet,[64] die beide zu Mark Zuckerbergs »Meta«-Konzern gehören. Social Media spielen, von Lakshmi abgesehen, bei vielen meiner Patientinnen und Patienten eine große, in einigen Fällen krankheitsauslösende Rolle.

Die Tragweite der Bedeutung der digitalen Medien für die Gefährdung der psychischen Gesundheit wird nur langsam erkannt.[65] Insider aus den Digitalkonzernen, die an der Entwicklung der Social Media beteiligt waren und erst nachträglich ihr Problempotenzial erkannt haben, haben lesenswerte Bücher verfasst[66] und an sehenswerten Filmen mitgewirkt[67]. Solange sie unser Werkzeug bleibt und nicht wir zu ihrem Werkzeug beziehungsweise zum Werkzeug der Digitalkonzerne werden, so lange kann die Digitalisierung unser Leben erleichtern und bereichern. Doch der Kipp-Punkt, an dem die Systeme uns steuern anstatt umgekehrt, ist bereits erreicht. Social Media haben, vor allem bei Menschen jüngeren Alters, massive Auswirkungen auf die Geistesgegenwart, auf die mentale Präsenz und die Fähigkeit, mit klarem Verstand in der analogen Realität zu bleiben.

Smartphones verdanken ihre Anziehungskraft auf unsere Aufmerksamkeit nicht ihren Plastik- oder Metallgehäusen, sondern einem in ihnen verborgenen sozialen Versprechen, das mit den Social-Media-Applikationen zu tun hat. Du wirst wahrgenommen, du gehörst dazu. Es waren diese Überlegungen, die vor einigen Jahren Tom Anderson und dann Mark Zuckerberg auf die Idee kommen ließen, im Internet eine Art sozialen Treffpunkt einzurichten. Im Jahre 2003 etablierte Tom Anderson MySpace, 2004 gründete Mark Zuckerberg, er war damals noch Student, Facebook. Diese beiden Start-ups waren die Geburtsstunde der sozialen Netzwerke.[68] Alle, die dies wünschten, sollten sich über ihren Computer mit einem Konto, einem sogenannten Account, anmelden, um miteinander virtuell in Kontakt treten können. Zu einem Durchbruch der sozialen Netzwerke kam es aber erst, als 2007 Apple das erste Smartphone und damit den ersten tragbaren Minicomputer auf den Markt brachte, dem 2010 die anderen Smartphone-Hersteller folgten. Nun konnten die sozialen Netzwerke von jedem Ort aus angepeilt werden.

Soziale Medien II: Finanzielle Goldmine der Konzerne und Instrument politischer Manipulation

Die Möglichkeit der Betreiber, mit ihren Social-Media-Plattformen Geschäfte zu machen, ergibt sich daraus, dass alle zwischen den Nutzern über eine Social-Media-Plattform ausgetauschten Mitteilungen seitens der Digitalkonzerne ausgelesen werden können. Das erledigen digitale Textanalyse-Systeme. Die dadurch gewonnenen Daten ermöglichen es den Unternehmen der Social-Media-Betreiber, über jeden Nutzer ein individuelles Persönlichkeitsprofil zu erstellen. Und die – Hunderte von Millionen an der Zahl – sind eine Goldmine. Social-Media-Betreiber verkaufen die über jeden einzelnen User gespeicherten Daten an Unternehmen und politische Akteure. Letztere können Nutzerinnen und Nutzer passgenau zum jeweiligen sozialen Profil ansprechen. Dies ist der Grund, warum wir, kurz nachdem wir unseren Freunden und Bekannten über den von uns benutzten Social-Media-Account irgendetwas mitgeteilt haben, überraschend passgenaue Werbeangebote bekommen. Dieser Rückfluss an Werbeangeboten (sogenannte Feeds[69]) erreicht uns nicht nur auf dem konkret genutzten Social-Media-Kanal, sondern über alle von uns benutzten Kanäle des Internets wie zum Beispiel unsere Browser oder Suchmaschinen. Daraus folgt, dass die Nutzerinnen und Nutzer eines Social-Media-Accounts nicht als Kunden, sondern als Daten-Lieferanten die Ware sind, mit denen die Plattform-Betreiber ihr Geschäft machen. Social-Media-Unternehmen wurden innerhalb weniger Jahre zu milliardenschweren Konzernen.

Nicht weniger bedeutsam als ihre wirtschaftliche Macht ist der politische und gesellschaftliche Einfluss der sozialen Netzwerke. Abgesehen davon, dass sie ihren Nutzerinnen und Nutzern eine Kommunikations-Plattform und Unternehmen eine Möglichkeit zur Platzierung von Werbung bieten, werden Social Media auch zur Verbreitung von politischen Nachrichten benutzt. Für viele, vor allem für jüngere User, ersetzen die Nachrichten-Feeds der sozialen Netzwerke den Informationsbedarf, der früher über die Nachrichtensendungen im Fernsehen, im Radio oder über Tageszeitungen befriedigt wurde. Daraus ergibt sich sowohl für politische Agitatoren als auch für staatliche Stellen die Möglichkeit, Hunderte von Millionen Nutzerinnen und Nutzer in sozialen Netzwerken durch selektiv zugespielte Nachrichten zu beeinflussen. Auch die Netzwerkbetreiber selbst sind hier mit im Spiel. Indem sie ihren Usern passgenau politische Informationen zuspielen, von denen sie aufgrund des Persönlichkeitsprofils wissen, dass sie den jeweiligen User interessieren, halten sie ihn länger im Netz.[70]

Das passgenaue Zuspiel von politischen Informationen bedeutet, dass unterschiedliche Gruppen von Usern völlig unterschiedliche Informationen erhalten, mit denen sie gezielt bestätigt oder provoziert werden sollen. Und die Dynamik der Netzwerke ist ab Werk darauf ausgelegt, dass das Laute, Spektakuläre und Provokante über das Sachliche, Offene und Zielführende triumphiert. Das setzt eine Spirale in

Gang, die nicht zuletzt Abstumpfungsprozessen geschuldet ist, in deren Lauf immer krassere Statements zum Zuge kommen. In früheren Zeiten konnte die große Mehrheit innerhalb einer Gesellschaft ihre *unterschiedlichen* Meinungen aufgrund einer *gemeinsamen* Nachrichtenlage diskutieren, da alle die großen Nachrichtensendungen gesehen oder eine der großen Zeitungen gelesen hatten. Demgegenüber werden heute unterschiedliche Gruppen innerhalb einer Gesellschaft von den sozialen Netzwerken mit völlig unterschiedlichen Nachrichten »gefüttert«. Dieser Realitätsverlust der ganz besonderen Art zerstört die innergesellschaftliche Empathie und begünstigt innergesellschaftliche Spaltungsprozesse, abgesehen davon, dass er der politischen Manipulation der Bevölkerung Tür und Tor öffnet.[71]

Soziale Medien III: Verschiebung des Lebensmittelpunkts ins Netz (Realitätstransfer)

Am Geschäftsmodell der Social-Media-Betreiber ist in den letzten Jahren viel Kritik geäußert worden. Mir geht es jedoch um einen weniger beachteten Aspekt: Die Nutzerinnen und Nutzer der sozialen Netzwerke transferieren durch die Inanspruchnahme eines Social-Media-Accounts Teile ihrer Lebensrealität in jenes »Woanders«, von dem bereits die Rede war. Sie verlagern, wie meine Patientin Lakshmi, wesentliche Teile ihres Selbst aus der analogen Sphäre in einen digitalen Raum und vollziehen damit eine Art *Realitätstransfer*. Im digitalen Raum eines sozialen Mediums gelten wesentlich andere Regeln als im analogen Hier und Jetzt. Hieraus ergeben sich massive, in ihrer fatalen Wucht unterschätzte Rückwirkungen auf die analoge Realität der User.

Mit dem Transfer wesentlicher Teile der eigenen Lebensrealität unterwerfen die User von Social Media ihr Leben einer neuen Art von sozialem Umgang. In vielen Netzwerken zeigen die Accounts eines Nutzers an, wie viele andere Nutzer Interesse an den Mitteilungen dieses Nutzers haben. Nutzer können die Mitteilungen anderer Nutzer außerdem mit kleinen Zustimmungs- oder Ablehnungssymbolen versehen, die auch für Dritte sichtbar sind. Dadurch entsteht zwischen den Nutzern eine Konkurrenzsituation. Viele Nutzerinnen und Nutzer bemühen sich daher, im sozialen Netzwerk ihr Selbstbild zu veredeln, um einen besseren Eindruck zu machen. Soziale Eifersucht führt dazu, dass ein Teil der Nutzer beginnt, andere schlechtzumachen. Diese Entwicklung hat dazu geführt, dass einige Nutzer – manchmal unter Klarnamen, häufig jedoch unter einem Pseudonym – aggressive Mitteilungen oder Kommentare schreiben.

Man würde nun annehmen, dass Nutzerinnen und Nutzer davon abgestoßen sind und das Netzwerk verlassen. Die Lage ist jedoch verzwickt, da im gleichen Netzwerk auch Bekannte und Freunde angemeldet sind. Auch sie haben einen Teil ihres Selbst und ihrer Lebensrealität ins soziale Medium transferiert, alle kommunizieren inzwischen überwiegend dort. Wer sich abmeldet, hat das Gefühl, sich sozial zu isolieren. Damit sind alle sozusagen gefangen.[72] So wurde das Zuckerbrot der sozialen Verbundenheit, ungeachtet des Preises, den alle dafür bezahlen, zum toxischen Erfolgsrezept, das Millionen Userinnen und User von den sozialen Netzwerken abhängig werden ließ.

Soziale Medien IV: Was sagen wissenschaftliche Studien?

Auf verlässlichen Beobachtungen und Daten basierende wissenschaftliche Untersuchungen über die geschilderten Phänomene beschäftigten sich vor allem mit jüngeren Menschen. Ein Grund ist, dass Smartphones ihren Absatz in der Breite der Bevölkerung erst in den Jahren nach 2010 fanden. Die ersten großen Social-Media-Netzwerke MySpace und Facebook waren, wie schon erwähnt, zwar bereits 2003 und 2004 gegründet worden, erreichten die Breite der Bevölkerung aber erst nach dem Aufkommen der Smartphones, auf denen die Apps installiert werden konnten. Nun war man nicht mehr an den häuslichen Computer gebunden. Personen, die beim Aufkommen von Smartphone und Social Media in der Spätphase ihrer Jugend oder im Erwachsenenalter angekommen waren, hatten ihr Leben bereits in eher traditionellen, also analog organisierten sozialen Strukturen organisiert.

Smartphones und Social Media üben ihre Effekte zwar auf Menschen aller Altersklassen aus. Der »Einschlag« der neuen Geräte und Systeme betraf aber vor allem jene jungen Menschen, die in den Jahren nach 2010 heranwuchsen und – mit einem von Jahr zu Jahr wachsenden Anteil – ihr soziales Leben von Beginn an mit Smartphones und Social Media organisierten. Das machte sie zum besonderen Gegenstand der Forschung. Allerdings vollzieht sich, was sich bei Kindern und Jugendlichen an Auswirkungen beobachten ließ, inzwischen auch bei den älteren Jahrgängen, wenn auch meistens etwas abgemildert. Was sind diese Auswirkungen, und unterstützen sie meine These des Selbst- und Lebensrealitäten-Transfers?

Beginnen wir mit einer *quantitativen* Betrachtung. Neunzig Prozent der deutschen Bevölkerung nutzen ein Smartphone, bei den 12- bis 19-Jährigen liegt der Anteil bei über 95 %.[73] Nach einer im März 2023 vorgelegten repräsentativen Studie, die vom Universitätsklinikum Hamburg (UKE) zusammen mit der Deutschen Angestellten Krankenkasse (DAK) durchgeführt wurde,[74] nutzen 89 % der in Deutschland lebenden 10- bis 17-jährigen Kinder und Jugendlichen regelmäßig einen Social Media Account, 74 % tun dies täglich. Dieser Untersuchung zufolge sind in Deutschland über 1,2 Millionen Kinder und Jugendliche mehr als vier Stunden täglich in den sozialen Medien unterwegs.[75] Damit erfüllen mehr als 23 % dieser Jahrgänge die Kriterien der Weltgesundheitsorganisation für eine sogenannte riskante oder pathologische Nutzung von sozialen Netzwerken.[76] Diese Intensivnutzer sind nur die Spitze des Eisbergs: Betrachtet man den Anteil derjenigen, die sich werktags »nur« drei Stunden und mehr täglich in sozialen Netzwerken aufhalten, dann sind dies 40 % und damit mehr als 2,1 Millionen aller Kinder und Jugendlichen zwischen 10 und 17 Jahren (an Sonn- und Feiertagen sind es 54 %).

Die genannten Zahlen dürften eher die untere Grenze der Realität abbilden, da angenommen werden darf, dass Kinder und Jugendliche bei wissenschaftlichen Abfragen aus Gründen der von ihnen vermuteten sozialen Erwünschtheit eher zu niedere Zeiten angeben. Ich bitte seit längerer Zeit schulische Lehrkräfte, die ich in Sozialer Neurowissenschaft weiterbilde, in ihren Schulklassen nach den Zeiten zu fragen, die Jugendliche in sozialen Medien verbringen. Ungeschminkte Auskünfte, die Schülerinnen und Schüler ihren Lehrkräften geben, zeigen, dass ein gutes Drittel der Lernenden zwischen 4 und 8 Stunden täglich auf sozialen Medien kommuniziert. Diese rein quantitativ erstaunliche Abwanderung in die sozialen Netzwerke betrifft keineswegs nur Kinder und Jugendliche. In einer Studie wurden auch Eltern miterfasst.[77] Als tägliche Nutzer identifizierten sich 72 %, und 21 % waren mehr als 3 Stunden in den sozialen Medien unterwegs.

Wenn Untersuchungen den Blick auf *qualitative* Aspekte richten und die *Motive* für die Abwanderung ins Netz erfragen, dann nennen mehr als ein Drittel der jungen Leute als wesentliches Motiv den Wunsch, der Realität zu entfliehen oder die Sorgen des Alltags zu vergessen. Bei den Eltern nennen 24 % das Motiv »Sorgen vergessen« und 16 % »der Realität entfliehen«.[78] Ein klarer Fall von Realitätsverlust. Als dessen Folge treffen sich nur noch rund 60 % der Kinder und Jugendlichen regelmäßig mit Freunden, nur noch die Hälfte treibt Sport, nur noch ein Drittel unternimmt gelegentlich etwas mit der eigenen Familie.[79]

Die Nutzung der sozialen Netzwerke geht mit einem Transfer des Lebens vom analogen in den digitalen Raum einher, der vor allem das »Selbst« der User betrifft: Viele Nutzerinnen und Nutzer haben ihre persönliche Identität ins Netz verlegt, wobei ich mit Identität hier das meine, was Menschen glauben, wer sie sind, was ihnen an sich selbst wichtig ist und wofür sie stehen. Die ständige, intensive und dem schönen Schein verpflichtete Pflege der Darstellung der eigenen Person im Social-Media-Account mit Bildern, kurzen Videos, Textmitteilungen oder Tonaufnahmen hat bei Millionen Menschen ungeheure Ausmaße angenommen. Was im realen Leben analog erlebt wurde, ist für viele junge Menschen nur noch insoweit von Belang, als es Rohmaterial liefern kann für den zum Beispiel auf Instagram abgebildeten und dort inszenierten Auftritt. Dieser ist für viele junge Leute inzwischen zum einzig »wahren« Leben geworden. Was nicht »instagramable« ist (d. h., was nicht geeignet ist, auf Instagram abgebildet zu werden), hat für viele Menschen nur noch einen geringen oder keinen realen Wert.

Ist der Wechsel vom analogen ins digitale Terrain erst einmal vollzogen, dann lässt er sich nur schwer rückgängig machen, da die Möglichkeiten einer reichhaltigen analogen Lebensgestaltung (Verabredungen in physischer Anwesenheit, Ausflüge in Parks oder in die Natur, Vereinsaktivitäten, die Ausübung von Hobbys, Tanz, Sport, Musik etc.) bereits nach kurzer Zeit einer nur schwer reversiblen Vernachlässigung und Entwöhnung zum Opfer fallen. In den USA hat der Anteil von 14- bis 18-Jährigen, die sich täglich analog mit einem oder einer Gleichaltrigen verabreden, in den Jahren 2000 bis 2016 von 47 % auf 27 % abgenommen, mit einem besonders steilen Abfall zu Beginn der 2010er-Jahre, als die Smartphones den sozialen Netzwerken den Siegeszug bescherten.[80]

Die Verminderung des realen Lebens nach Eintritt in die Welt der Social Media hat Folgen für die analogen zwischenmenschlichen Beziehungen in der Familie und im Freundeskreis, ebenso wie für alltagsrelevante Verpflichtungen wie die Schule oder die Arbeit. Menschen, die ihr Leben von den Marionettenfäden der Social-Media-Kommunikation lenken lassen, nehmen ihre Mitmenschen, vor allem in ihrem Umfeld befindliche Kinder, deutlich weniger wahr. Umgekehrt verlieren Kinder und Jugendliche, die sich ständig im Netz aufhalten, ihrerseits das familiäre Umfeld, aber auch ihre Schulverpflichtungen aus dem Auge. Die sozialen Netzwerke üben einen gewaltigen Sog aus, von dem viele Menschen geradezu weggetragen werden.

Soziale Medien V: Konkurrenz, Eifersucht, Hass – am Ende Krankheit

Bei vielen Menschen hat sich eine krankhafte Abhängigkeit entwickelt, sodass sich die Weltgesundheitsorganisation WHO gezwungen sah, eine entsprechende Diagnose zu definieren.[81] Kennzeichen der »Social Media Use Disorder« sind der Verlust der Fähigkeit, den übermäßigen Gebrauch sozialer Netzwerke selbst zu steuern, die Vernachlässigung anderer Interessen zugunsten eines ständigen Aufenthalts in einem sozialen Netzwerk und ausgeprägte negative Folgen für den Alltag der Betroffenen, wozu schwere Konflikte mit Angehörigen und ein Nachlassen der Leistungen in der Schule oder am Arbeitsplatz zählen. Das stundenlange Starren auf den Bildschirm führt bei vielen auch zu körperlichen Beschwerden: 33 % der jugendlichen Nutzer von digitalen Endgeräten klagen über Nackenbeschwerden, 24 % leiden unter trockenen oder juckenden Augen, 18 % berichten von Schmerzen im Bereich des Unterarms oder der Hand.[82] Hinzu kommen psychische Auswirkungen wie vermehrte Depressivität, eine Tendenz zu emotionalen Impulsdurchbrüchen bei kleinen Frustrationen und ein massiv gesteigertes allgemeines Stresserleben.

Die sozialen Netzwerke sind Plattformen des ständigen gnadenlosen gegenseitigen Bewertens und Bewertet-Werdens.

In Deutschland berichten 48 % der Kinder und Jugendlichen zwischen 12 und 19 Jahren, im Netz auf gegen sie persönlich gerichtete Hass-Kommentare gestoßen zu sein.[83] Als Ergebnis haben intensive Social-Media-Nutzerinnen und Nutzer, abgesehen von Störungen bei der Wahrnehmung des eigenen Körpers, ein um 100 % höheres Depressionsrisiko und leiden signifikant häufiger an Angststörungen und – schlicht und ergreifend – an gefühlter Einsamkeit.[84] Was an Verbundenheit mit der realen Welt verlorengeht, wird durch die sozialen Netzwerke nicht kompensiert. Viele Kontakte im Netz sind durch die Konkurrenz beim Kampf um Aufmerksamkeit und Beliebtheit belastet oder gar vergiftet.

In den sozialen Netzwerken fehlt, was eine wirkliche Freundschaft ausmacht: die physische Anwesenheit des Gegenübers, direkter Blickkontakt und die Möglichkeit, sich zu berühren. Es fehlt der psychische »Nährwert«. Zur Oberflächlichkeit trägt bei, dass die Netzwerke ihre User zu einer in hohem Maße »performativen« Art der Selbstdarstellung verleiten. Vor allem junge Menschen, und hier vorzugsweise Mädchen, geraten durch das ständige Vergleichen und Verglichen-Werden mit den Auftritten ihrer Peers unter massiven Druck, erleben Selbstwerteinbrüche, finden ihren Körper nicht mehr gut genug und verändern ihr Aussehen. Viele unterziehen sich einschneidenden kosmetischen Operationen.[85]

Zusammenfassend kann man nur raten: Nutzerinnen und Nutzer von sozialen Netzwerken sollten kritisch reflektieren, auf welchem Terrain sie sich bewegen, wenn sie von diesen Angeboten Gebrauch machen. Smartphones sind fantastische Werkzeuge, wenn wir konsequent dabeibleiben, dass nur wir selbst festlegen, wann und wie wir sie beachten und benutzen. Wenn uns auffällt, dass umgekehrt die Anwesenheit des Smartphones unser Verhalten bestimmt und uns reflexhaft veranlasst, unsere Präsenz aus einer analogen sozialen Situation abzuziehen, dann ist der kritische Kipp-Punkt erreicht, an dem das Smartphone uns zu seinem Werkzeug gemacht hat. Soziale Netzwerke veranlassen ihre User zu einer Verlagerung gelebter sozialer Lebensrealität vom analogen in den digitalen Raum. Darüber hinaus lösen sie eine Tendenz aus, den Ort der eigenen Identität in die Accounts des Netzwerkes zu verlagern und alle Aufmerksamkeit nur noch dem dorthin ausgelagerten Selbst zu widmen. Diese Tendenz, sich »performativ« zu verhalten, also den Anschein einer vorteilhaften äußeren Wirkung in den Vordergrund zu stellen, nimmt den im Netz gepflegten Kontakten ihren psychischen »Nährwert«. Was nützt dem Menschen alle Beachtung, wenn er nicht so sein darf, wie er ist?

Videospiele I: Die Bedeutung des Spielens für den Menschen

Was macht ein Spiel zum Spiel? Wenn es sich leicht definieren ließe und wir mühelos sagen könnten, welche Bedeutung es für das menschliche Leben hat, wäre es nicht, was es ist: ein Spiel. Zum Wesenskern des Spiels gehört eine Dosis Unbestimmtheit. Sobald man dem Spiel eine bestimmte Eigenschaft zuschreibt, wird man feststellen, dass es auch vom Gegenteil etwas enthält. Was das Spiel zum Spiel macht, sind Balancen zwischen Gegensätzen. Menschen, die spielen, balancieren zwischen Freiheit und der Gültigkeit von Regeln, zwischen der Zweckfreiheit des Spiels und einem Spielziel, zwischen Zeitvergessenheit und zeitlicher Begrenzung. Die Zahl der Gegensatzpaare, die das Spielen kennzeichnen, ist beachtlich. Zu spielen bedeutet, sich wiederzufinden zwischen Selbstwirksamkeit und Selbstvergessenheit, zwischen Aktivität und Ruhe, zwischen Konzentration und der Freiheit zu träumen. Das Spiel macht beides möglich, die Realisierung einer bisher gelebten Identität und die Möglichkeit des Identitätswechsels. Auch Dinge können im Spiel entweder das sein, was sie schon bisher für uns waren, oder aber etwas ganz anderes. Das Spiel ermöglicht das Erleben von Individualität ebenso wie von sozialer Verbundenheit. Das Wesen des Spiels beinhaltet beides, Sicherheit und Risiko, die Wiederholung von Altbekanntem und das Experiment mit etwas Neuem. Das Spiel kann in Beziehung sowohl zur Körperlichkeit als auch zur Geistigkeit des Menschen stehen. Es kann die Begegnung mit der Materialität der Welt beinhalten, ebenso aber auch zulassen, sich deren Aufhebung vorzustellen. Es sind seine mehrdimensionalen Möglichkeitsräume, die das Spiel für den Menschen so wertvoll machen. Das Spiel lässt dem Menschen Raum für die zwanglose, spielerische Entfaltung seiner eigenen Mehrdimensionalität und bietet ihm daher eine einzigartige Plattform seiner Selbst-Verwirklichung. Dieser Umstand erklärt die zeitlose Gültigkeit von Friedrich Schillers berühmtem Satz: »Der Mensch ist nur da ganz Mensch, wo er spielt.«[86]

Spiel und Realität stehen in einer wechselseitigen Beziehung. Durch seine Zwanglosigkeit und seine vielen Freiheitsgrade unterscheidet sich das Spiel vor allem von der menschlichen Arbeit.[87] Die Arbeit unterliegt bekanntlich zahlreichen

Notwendigkeiten und Zwängen. Diese haben einerseits mit der Realität der äußeren Welt, andererseits mit der gesellschaftlichen Organisation von Arbeit zu tun. Beide, sowohl die äußere als auch die soziale Realität, sind zwar nicht unveränderbar, beide können aber nicht so leicht außer Kraft gesetzt werden wie im Spiel. Realität und Arbeit einerseits und das Spiel andererseits sind aber nicht nur Gegensätze, sie haben miteinander zu tun und beeinflussen sich wechselseitig. Die Fantasieräume des Spiels lassen zu, uns die Welt und die Arbeit, mit der wir uns an der Welt »abarbeiten«, anders vorzustellen, als sie ist. Im Spiel entstandene Vorstellungen und Fantasien können die Arbeit inspirieren, sozusagen anstecken, und die Welt verändern. Tatsächlich haben sie das in der Geschichte der Menschheit auch ständig getan.[88] Umgekehrt kommen die Fantasien, die das Spiel beseelen, ihrerseits nicht aus dem Nichts, sondern haben die Realität – und mit ihr auch die Arbeit – zum Ausgangspunkt. Wir sehen dies, wenn Kinder spielen. Vieles, was sie spielen, hat die Realitäten zur Grundlage, mit denen ihre Eltern im Alltag zu tun haben. Die Kinder imitieren und verwandeln die beobachtete Realität der Erwachsenen, sie machen sie zu einem Teil ihres Spiels. Mit dem Spielen der Erwachsenen verhält es sich nicht anders.

Auch digitale Videospiele sind Spiele und stehen, wie alle Spiele, in einem wechselseitigen Austausch mit der Realität des Lebens. Wie dargelegt, kann dieser Austausch im Prinzip für beide Seiten fruchtbar sein und eine positive Weiterentwicklung fördern. Gilt das auch im Falle der Computer-Videospiele? Dazu müssen wir die wechselseitige Beeinflussung zwischen der Welt der Videospiele einerseits und den Realitäten unseres Lebens andererseits einer Analyse unterziehen. *An den digitalen Spielen wird viel Kritik geübt, wir sollten dabei aber nicht vergessen, dass die Realität, in der wir leben, eine gleichermaßen kritische Betrachtung verdient.* Eine isolierte Kritik an den Computer-Videospielen führt, wie die bisherigen Diskurse deutlich zeigen, nicht weiter. Die massive Ausbreitung der Computerspiele einerseits und Entwicklungen in der gesellschaftlichen Realität andererseits müssen im Zusammenhang betrachtet werden, da sich beide Sphären gegenseitig massiv beeinflussen. Wie sieht diese gegenseitige Beeinflussung aus?

Eine Reihe von Hinweisen stützt die These, dass die reale Welt für einen Teil der Bevölkerung in vielen Ländern immer schwerer erträglich geworden ist – mit der Folge, dass die Betroffenen die Welt der Spiele nicht mehr nur spielerisch bedienen, sondern sie zu einer Art alternativen Realität gemacht haben. Die Folge ist Realitätsverlust für die betroffenen Menschen. Umgekehrt ist zu beobachten, dass die Inspirationen aus der Welt der Computerspiele einen erheblichen Einfluss auf die Realität ausüben und einen Beitrag dazu leisten, die reale Welt immer unmenschlicher und unerträglicher zu machen. Beide Einflüsse zusammengenommen würden einen verhängnisvollen Circulus vitiosus darstellen, also einen Teufelskreis sich gegenseitig negativ verstärkender Effekte. Lassen Sie uns zunächst einige beschreibende Bemerkungen zum digitalen Video-Spielen (»Gaming«) machen, dann auf die quantitative Verbreitung der Spiele (»Games«) eingehen und schließlich eine qualitative Einschätzung der wechselseitigen Effekte zwischen Spiele-Welt und realer Welt vornehmen.

Videospiele II: Was in Videospielen passiert

Beim Gaming »adoptieren« die Spielenden häufig eine im Spiel agierende Spielfigur, die auch als Avatar bezeichnet wird. Das Szenario des Spiels läuft auf einem Bildschirm, egal ob PC, Handy, Konsole oder Tablet. Die Spielenden können ihre jeweilige Figur steuern, also sich bewegen und handeln lassen. In Kampf- und Kriegsspielen geht es darum, sie schießen zu lassen. Spielende können in vielen Games Einfluss auf das Aussehen ihrer Spielfigur nehmen, ihr zum Beispiel ein bestimmtes Aussehen, eine bestimmte Identität (z. B. Drachenmonster) oder Kleider verpassen.[89] Je nach Spiel können auch Werkzeuge, Rüstungen oder Waffen besorgt werden.[90] Manche Attribute sind kostenlos, viele muss man aber kaufen. Käufe, die während des Spielens getätigt werden, werden als In-Game-Käufe bezeichnet, sie werden mit echtem Geld bezahlt[91] und sind für die Spielehersteller eine riesige Einnahmequelle. Oft ist der Zugang zu einem Spiel zunächst frei (um Spieler anzulocken), um die Spielenden dann mit In-Game-Käufen abzukassieren. Für In-Game-Käufe werden in Deutschland jährlich mehrere Milliarden Euro ausgegeben.[92]

Spielende oder »Gamer« können ihre jeweilige Spielfigur mit den Händen beziehungsweise Fingern über eine Spiel-Tastatur, über eine Spiel-Maus oder über einen sogenannten Controller steuern. Je nach Art des Spiels können sie die Spielfigur aus einer Dritte-Person-Perspektive steuern oder direkt die Perspektive der Spielfigur einnehmen, ein Modus, der als POV (von englisch: »point of view«) bezeichnet wird und in Ego-Shootern beliebt ist, den oft auch »Baller-Spiele«

genannten Games, die gezieltes Töten belohnen. Man kann, je nach Spiel, entweder als Einzelspieler oder zu mehreren, zum Beispiel in Fünfergruppen spielen. Wenn zu mehreren gespielt wird, müssen die Spielcomputer aller Beteiligten untereinander verbunden sein, was in der Regel über eine Internet-Plattform und einen Server geschieht.[93]

Sehr viele Spiele sind Kampf- oder Gewaltspiele.[94] Gegner, die durch Beschuss ausgeschaltet werden müssen, sind, je nach Art des Spiels, entweder vom Programm des Spiels gesteuerte Figuren (zum Beispiel Monster oder Soldaten) oder gegnerische Mitspieler. In manchen Games (wie in *League of Legends* und *Valorant*, auch in *Fortnite* ist dies möglich) spielt eine kleine Gruppe von Spielern gemeinsam gegen eine gegnerische Gruppe. In vielen Spielen wird jedoch gegen vom Computerprogramm des Spiels gesteuerte sogenannte Bots gespielt. Sie können zum Beispiel die Gestalt von sich bewegenden Soldaten oder Monstern haben und müssen abgeschossen werden. Wer als Spieler getroffen wurde, scheidet zunächst aus, kehrt dann aber ins Spiel zurück.[95] Nicht am Kampf teilnehmende, ebenfalls vom Computerprogramm gesteuerte Spielfiguren, werden als NPCs (Non-Player Characters) bezeichnet. Bei Spielern, die sich zu einer kleinen Spielermannschaft zusammengeschaltet haben, handelt es sich oft (nicht immer) um mehr oder weniger feste Kleingruppen von Freundinnen oder Freunden, die von verteilten Adressen aus, meistens zu Hause sitzend, miteinander »gamen« oder »zocken«. Sie können, wenn sie ein Headset tragen, während des Spiels miteinander sprechen und sich, je nach technischer Ausstattung, eventuell auch über kleine, in den Bildschirm eingeblendete Fenster gegenseitig sehen. Manchmal finden auch Spielerinnen oder Spieler, die sich vorher noch nicht kannten, im Spiel zu einer Gruppe zusammen.

In vielen Spielen (wie etwa in *League of Legends*) können die Spieler, alleine oder als Teil einer Gruppe, wiederholt gegen andere antreten mit dem Ziel, alleine oder als Mannschaft von Runde zu Runde immer besser zu werden, Punkte zu sammeln und innerhalb der Hierarchie des Games aufzusteigen, ähnlich wie Tennisspieler oder Fußballmannschaften sich von Liga zu Liga nach oben arbeiten können.[96] Im sogenannten E-Sport werden Turniere gespielt, bei denen Preisgelder gewonnen werden können. Diese Wettkämpfe können über das Internet auch von Nicht-Beteiligten beobachtet werden.[97] Die in allen Spielen gegebene ständige Kampfsituation und die Aussicht auf im Erfolgsfall vom Programm ausgegebene Boni (zum Beispiel Ausrüstungsgegenstände) befeuern den Ehrgeiz der Spielenden und binden sie ans Spiel. Diese Bindung erhöht sich noch durch die Bindung innerhalb fester Gruppen, die miteinander spielen.

Videospiele III: Spielen bis zum Umfallen

Computerspiele kennen – anders als Filme, das Theater oder Romane – kein Ende, sondern sind auf immer neue Spielrunden ausgelegt. Sie werden oft am Abend gespielt. Spiele-Sitzungen gehen, unabhängig davon, ob alleine oder in Gruppen gespielt wird, oft bis spät in die Nacht oder in den frühen Morgen. Da ich häufig Fortbildungen mit schulischen Lehrkräften durchführe, weiß ich, dass extrem übermüdete 12- bis 18-jährige Schüler, die oft bis in den frühen Morgen hinein gespielt haben, inzwischen zum gewohnten Bild in den Klassenzimmern gehören. Dabei handelt es sich, wie mir viele Lehrkräfte, aber auch zahlreiche von mir interviewte Schülerinnen und Schüler sagten, um etwa 20 % bis 30 % der Jungs[98] einer Klasse, Tendenz steigend.

Dieser Eindruck wird durch eine bereits erwähnte repräsentative Studie bestätigt, welche vom Universitätsklinikum Hamburg zusammen mit der Deutschen Angestellten Krankenkasse durchgeführt und im März 2023 vorgelegt wurde.[99] In Deutschland spielen 85 % aller Kinder und Jugendlichen zwischen 10 und 17 Jahren »regelmäßig« Videospiele, 33 % tun dies täglich. Fast eine Million Kinder und Jugendliche, dies entspricht 18,1 % dieser Altersgruppe, gamen mehr als drei Stunden täglich und erfüllen damit die Kriterien der Weltgesundheitsorganisation für eine »riskante« oder »pathologische« Nutzung.[100] Die Untergruppe der »pathologischen« Nutzer, immerhin 6,3 % der Altersgruppe und damit 332.400 junge Leute, zockt täglich im Durchschnitt 292 Minuten, also fast fünf Stunden. An Wochenenden beträgt der Anteil derer, die »nur« drei Stunden und mehr gamen, 35 %. 68 % der jugendlichen Gamer sind männlichen Geschlechts.

Die Verbreitung von Videospielen innerhalb der Gesamtbevölkerung ist heterogen. Statista beziffert den Anteil der erwachsenen Gesamtbevölkerung ab 16 Jahren, der Games spielt, auf 54 %, was 34 Millionen Spielerinnen und Spielern entsprechen würde[101] – wohlgemerkt ist *hier* die Verteilung unter Frauen dieselbe wie unter Männern. Bei den 16- bis 29-Jährigen liegt der Anteil der Computer-Spielenden bei 88 %, entsprechend geringer sind die Prozentsätze in der älteren Bevölkerung. Die mit Videospiel-Programmen erzielten Umsätze liegen bei jährlich 2,8 Milliarden Euro, für In-Game-Käufe werden in Deutschland 4,3 Milliarden Euro ausgegeben.[102] Nicht nur hinsichtlich der Verbreitung von Computer-Spielen, auch hinsichtlich der Intensität, also der Häufigkeit des Spielens pro Woche und der täglichen Spieldauer, ist die Lage heterogen. In einer repräsentativen Studie der DAK aus dem Jahre 2020, die sich mit dem Spiele-Verhalten von Jugendlichen beschäftigt und in der auch Eltern mitbefragt wurden, berichteten 33 %, täglich mehr als 2 Stunden zu gamen. Wenn Eltern gefragt wurden, wer von ihnen häufiger als drei Mal wöchentlich am Computer spielt, meldeten sich 44 %.[103]

Unübersehbar ist, dass das Spielen innerhalb der jüngeren Bevölkerung, und ganz besonders bei Kindern und Jugendlichen, ein gewaltiges Ausmaß angenommen hat. Ein beachtlich großer Anteil junger Menschen erfüllt die Kriterien einer sogenannten Internet Gaming Disorder (DSM-V-Verzeichnis der Amerikanischen Psychiater-Vereinigung APA) beziehungsweise einer »Gaming Disorder« (ICD-11 der Weltgesundheitsorganisation WHO). Beides sind Fachbegriffe für ein und dasselbe: die Videospielsucht. Merkmale sind der Verlust der Fähigkeit, das eigene Spielverhalten zu steuern; eine einseitige Bevorzugung des Spielens gegenüber anderen Interessen und Aktivitäten; eine Fortsetzung intensiven Spielens trotz dadurch entstandener Konflikte mit Menschen aus dem persönlichen Umfeld; schließlich eine wesentliche Beeinträchtigung der Leistungen in Schule oder Beruf. Sind die Merkmale noch nicht in vollem Umfang, sondern »nur« mittelgradig ausgeprägt, spricht man von einem »problematischen Gebrauch« von Videospielen.

Wie bereits erwähnt, verbringen in Deutschland knapp eine Million junger Menschen zwischen 10 und 17 Jahren, über zwei Drittel männlichen Geschlechts, zwischen 3 und bis zu über 5 Stunden täglich mit Gaming. Die Gesamtzahl internetbezogener Suchtstörungen bei jungen Menschen liegt weit höher. Abgesehen von der Gefahr, in eine Abhängigkeit vom Gamen zu geraten, erleben viele Spielende unmittelbare gesundheitliche Folgen. Dazu zählen die sogenannte Cyber-Sickness (Kopfschmerzen, Schwindel, Übelkeit), Schlafstörungen und ein erhöhtes Risiko für Übergewicht.[104] Bereits erwähnt wurde, dass ein Drittel der jugendlichen Endgeräte-Nutzer mit Nackenbeschwerden, rund ein Viertel mit trockenen oder juckenden Augen und knapp ein Fünftel mit Hand- oder Unterarmschmerzen zu tun hat. Die Kriterien der Spielesucht sind im Wesentlichen die gleichen Kriterien, mit denen die APA und die WHO auch die schon erwähnte Social Media Use Disorder beschreiben. Exzessiver Gebrauch der sozialen Medien ist derzeit bei Mädchen und jungen Frauen, exzessives Computerspielen bei Jungs und jungen Männern stärker ausgeprägt.

Wenn ein »Spiel« derart Macht über seine Spieler gewinnen kann, dass diesen die Kontrolle über die Steuerung des eigenen Spielverhaltens entgleitet, dann hat es die typischen »spielerischen« Merkmale verloren, die wir uns eingangs vergegenwärtigt hatten. Damit gerät nun jene Interaktion zwischen Spiel und Realität ins Blickfeld, von der bereits die Rede war. Wenn das Spielen abhängig macht und die spielenden Menschen derart in seine fantastische Sphäre hineinzieht, dass sie ihr reales Leben vernachlässigen, also eine Art Realitätsverlust erleiden, dann kann dies durch suchterzeugende Merkmale des Spiels bedingt sein. Es kann aber auch an Merkmalen der Realität liegen, aus der die Spielenden sich sozusagen ins Spiel flüchten. Studien stützen die Annahme, dass beides der Fall ist. Abhängig machende Merkmale der Computer-Spiele können sich aus der Verbundenheit ergeben, die durch das gemeinsame Spielen in einer kleinen kämpfenden Gruppe entsteht. Bei dieser »Verbundenheit« ist allerdings zu beachten: Typische jugendliche Gamer schließen sich in ihrer elterlichen Wohnung in ihr Zimmer ein, wo sie sich einen »Arbeitsplatz« mit einem Gaming-Stuhl eingerichtet haben, der wie ein Rennfahrer- oder Pilotensitz aussieht. Die Verbundenheit mit anderen findet nur im Netz statt. Viele Spieler spielen aber auch im Netz alleine, sind also sozial voll isoliert.

Als besonders wichtiger Faktor, der Abhängigkeit erzeugen kann, kommt das Erleben von Selbstwirksamkeit ins Spiel. Einer meiner jungen Patienten hatte, bevor er in meine Behandlung kam, durch das Computer-Spielen mehrere Semester (!) seines Studiums verloren, für einen begabten jungen Mann ein durchaus schwerer Fall von Realitätsverlust. Als seine Spielsucht in den Fokus unserer therapeutischen Arbeit rückte, bemerkte er nicht ohne Stolz: »Im Spielen bin ich wirklich gut.« Leider fehlt den mit dem Gaming verbundenen kurzen Selbstwert-Injektionen jeder Nährwert und jegliche Nachhaltigkeit. Im realen Leben außerhalb der Spielzeiten erleben intensive Gamer eine Verminderung ihres Selbstwertgefühls,[105] was sie umso mehr zurück ins Spiel treibt. Ein Teufelskreis.

Einen besonderen Beitrag zur Abhängigkeit von den Videospielen leistet, neben den bereits genannten Faktoren, das

»Eintauchen«, die sogenannte Immersion, in die fantastische Szenerie des Spiels. Dort ergibt sich dann eine besondere Verbindung zwischen der Person, die spielt, und der von ihr »adoptierten« Spielfigur. Man mag einwenden, dass dieses »Eintauchen« keine Spezialität der Computer-Spiele ist, sondern auch im Theater, beim Lesen eines Romans oder beim Betrachten eines Films erlebt wird. Die Immersion beim Videospielen ist jedoch eine weit tiefere. Dies hat nicht nur mit der besonderen, teilweise faszinierenden audiovisuellen Szenerie vieler Spiele zu tun. Der wesentliche Punkt ist ein anderer: Anders als im Theater, im Kino oder beim Lesen eines Romans sind Computer-Spielende selbst im Spiel aktiv. Sie sind mit ihrer Spielfigur, welche die Hauptrolle oder zumindest eine der Hauptrollen einnimmt, im Spiel aktiv präsent.

Die frappierende Verschmelzung, die sich zwischen der spielenden Person und ihrer Spielfigur beziehungsweise ihrem Avatar ergeben kann, zeigt die »Rubber Hand Illusion«, ein berühmtes neurowissenschaftliches Experiment.[106] Mit Gamern durchgeführte Studien zeigen, dass die Stärke der Identifikation von Computer-Spielern mit ihren Spielfiguren mit dem Risiko der Entwicklung einer Spielsucht korreliert.[107] Ein bereits erwähnter weiterer Unterschied sollte nochmals Beachtung finden, der das Theater, das Kino und die Lektüre eines Romans vom Gaming unterscheidet: Theaterstücke, Kinofilme und Romane haben ein Ende, während alle Videospiele nicht nur eine prinzipiell unendliche Zahl von Spielrunden beinhalten. Mehr noch, sie sind aufgrund ihrer Struktur und ihres Designs ausdrücklich darauf angelegt, dass das Spiel ständig weitergespielt wird.

Videospiele IV: Eskapismus – Wenn die Wirklichkeit nicht mehr ertragen wird

Beides gilt es zu berücksichtigen: Die Anziehungskräfte der Spiele und die Abstoßungskräfte der Realität, aus der sich viele Spieler – in unterschiedlich starkem Ausmaß – verabschiedet haben. Die Annahme, dass es eine für viele Menschen – aus subjektiver Sicht – immer schwerer erträgliche Realität ist, die sie in die virtuellen Welten der Videospiele hinüberwechseln lässt, findet sich in Studien bestätigt. Natürlich ist Realität immer auch das, was ein Mensch aus ihr macht, doch für viele Menschen sind die Möglichkeiten hier sehr begrenzt. Was sagt es über die Realität, in der wir leben, wenn 89 % der Kinder und Jugendlichen, die regelmäßig Videospiele spielen, berichten, ihr Hauptmotiv sei Langeweile, wenn 38 % sagen, sie wollten mittels des Gamings der Realität entfliehen, und 30 % angeben, es gehe ihnen beim Videospielen darum, Sorgen zu vergessen?[108] In welcher Welt leben *erwachsene* Videogamer, wenn sie als wichtigstes Motiv für ihr Gaming zu 75 % die Langeweile nennen, zu 33 % das Entfliehen aus der Realität und zu 29 % das Sorgen-Vergessen? Welches Attest wird der Lebenswelt unserer Kinder und Jugendlichen ausgestellt, wenn 18 % der jugendlichen Gamer sagen, sie könnten oft stundenlang an nichts anderes denken als an den Moment, an dem sie wieder spielen können? Dazu passen andere Studien, die – unabhängig vom Videospielen – einen Blick auf das Befinden von Kindern und Jugendlichen warfen.

Die kalifornische Jugendforscherin Jean Twenge führte eine internationale Studie durch, in die über eine Million Heranwachsende einbezogen waren, und fand, dass sich im Jahre

2018 20 % der deutschen Jugendlichen im Alter von 15 bis 16 Jahre einsam fühlten (»fühle mich als Außenseiter«; »kann keine guten Freunde finden«; »fühle mich nicht zugehörig/nicht akzeptiert« etc.).[109] Neuere Untersuchungen berichten über weit höhere Prozentsätze einsamer Menschen. In einer im Februar 2023 in Berlin vorgestellten Studie berichteten die Sozialforscherinnen Claudia Neu, Beate Küpper und Maike Luhmann, dass zwischen 47 % und 55 % der 16- bis 23-Jährigen sich »eher einsam« fühlen. Zwischen 22 % und 25 % in dieser Altersstufe kommen durch erlebte Einsamkeit in echte Not, weil sie keiner Gruppe angehören und niemanden haben, an den sie sich wenden können.[110] Für 74 % war Einsamkeit ein Grund, mehr in die sozialen Medien zu gehen oder Videospiele zu spielen. Doch was ist Henne, und was ist Ei?

Jean Twenge beobachtete, dass sich der Anteil der von Gefühlen der Einsamkeit Betroffenen von 2012 bis 2018 verdoppelt hatte, und vermutet, dass die mit Beginn der 2010er-Jahre einsetzende massenhafte Verbreitung von Smartphones dazu einen Beitrag geleistet hat. *Einsamkeit fördert den »Escape«, also die Flucht in die sozialen Medien und Videospiele, umgekehrt machen die digitalen Angebote einsam.* Das Ergebnis dieses Teufelskreises zeigen die Befunde der Hamburger Kinder- und Jugendpsychiaterin Ulrike Ravens-Sieberer.[111] Der Anteil von Kindern zwischen 11 und 17 Jahren mit psychischen Auffälligkeiten lag bereits kurz vor der Pandemie bei knapp 20 %, knapp 37 % litten schon damals an psychosomatischen Beschwerden (mit mindestens drei Symptomen). Durch die Pandemie haben sich diese Prozentsätze dann nochmals erhöht (auf 27 % für psychische Auffälligkeiten und auf 53 %, was psychosomatische Beschwerden betrifft).

Fakt ist, dass, wie die Betroffenen selbst angeben, Langeweile, Einsamkeit und Sorgen viele Menschen in die virtuellen Welten der Videospiele treiben. Wer viel spielt, hat umgekehrt ein höheres Risiko, dass sich seine oder ihre realen Probleme verschlimmern.[112] Denn die Folgen intensiven Gamens sind eine Verminderung des Selbstwertgefühls, vermehrte Depressivität, eine Verschlechterung der Sozialkompetenz, ein reaktiver Verlust an alternativen Freizeitaktivitäten und Leistungseinbrüche in der Schule oder am Arbeitsplatz. Wie eingangs vermutet, besteht also eine bidirektionale Wechselwirkung zwischen Realität und Spiel, die sich im Falle der Games vor allem als Teufelskreis darstellt. Wie die von Gamern eingeholten Auskünfte zeigen, ist die Abwanderung in die virtuellen Welten des Gamings bei einem Großteil derer, die spielen, ein Ausdruck von Realitätsflucht. Für die Betroffenen bedeutet dies zugleich einen Realitätsverlust. Einerseits verlieren Menschen (den Kontakt zur) Realität, andrerseits verliert die Realität Menschen, deren Präsenz und deren vergeudete Zeitbudgets dringend benötigt würden, um die zahlreichen Probleme anzugehen, die wir real haben. Auch ein Teufelskreis.

Das Narrativ, die Realität sei nur mehr schwer erträglich oder bereits derart heruntergekommen, dass sie keinen Einsatz lohne, wurde und wird durch zahlreiche Produkte aus dem Genre der Science-Fiction kräftig gefördert, zunächst durch Bücher,[113] dann durch Filme[114] und schließlich auch zahlreiche Videospiele selbst.[115] Die suggestive Kraft der Narrative, die von Erzählungen in die Gesellschaft hinein ausgehen, ist enorm, wie das Mittelalter eindrucksvoll zeigte. Die Narrative einer Jenseits-Welt, in der ein von Gott bewohnter

Himmel zusammen mit seinem Sohn, mit Maria und zahlreichen Heiligen die Frommen nach einem entbehrungsreichen Leben erwartet, dazu die Erzählungen von einer bedrohlichen Unterwelt, in der die Unfolgsamen bestraft werden würden, waren wirkmächtig genug, um die Bevölkerung des europäischen Kontinents über eintausend Jahre davon abzuhalten, Ansprüche zu stellen. *Erzählungen über die Welt haben einen gewaltigen Einfluss darauf, wie sich die Welt tatsächlich entwickelt.* Dieser Einfluss ist bei jungen Menschen besonders stark. »In jungen Jahren aufgenommene Vorstellungen bleiben in der Regel unauslöschlich haften«, ließ der griechische Philosoph Plato seinen Lehrer Sokrates vor 2.400 Jahren sagen.[116]

Videospiele V: Suggestionen der Videospiele – Kampf als Bewältigungsmodus der Realität

Videospiele sind Teil eines größeren Narrativs des digitalen Zeitalters, auf das ich im vierten Kapitel dieses Buches eingehen werde. Als Teil dieses großen Narrativs transportieren Videospiele jedoch ganz eigene Vorstellungen. Dass Videospiele jugendliche Spieler zu gewalttätigen Handlungen verleitet oder gar als Vorlage für Amokläufe und Terrorakte gedient haben, ist nicht von der Hand zu weisen, trifft aber nur auf eine kleine Gruppe von Spielenden zu, bei denen in allen Fällen neben exzessivem Gaming auch andere schwerwiegende psychosoziale Faktoren eine Rolle spielten.[117] Auf unmittelbare Nachahmungseffekte, so bedeutsam sie in Einzelfällen gewesen sein mögen, will ich hier nicht hinaus, sondern auf die unbewussten, gleichsam hypnotischen Effekte, mit denen alles, was wir hören und sehen, unsere Denkweisen und die grobe Ausrichtung unseres Verhaltens beeinflusst. Meine Absicht ist, dass wir die Hypnose verlassen und uns diese Effekte bewusst machen.[118] Was also soll uns suggeriert werden?

Die Mehrzahl der meistgekauften und meistgespielten Videospiele zeigen eine Welt, in der es nichts gibt als den Kampf auf Leben und Tod, Vernichten oder Vernichtet-Werden, Alles oder Nichts.[119] Das Grundprinzip ist: Wer den Feind nicht auslöscht, wird selbst ausgelöscht. Bei *Fortnite*, dem derzeit beliebtesten Spiel von unter 18-Jährigen, wird im Spiel eine globale Katastrophe vorausgesetzt. Die Spieler werden aus einem »Battle Bus« (Schlacht-Bus) über einer von der Katastrophe verschonten Insel abgeworfen, in der sie gegen Zombies und am Ende gegeneinander kämpfen müssen, bis nur noch einer oder eine übrig bleibt.[120] Das Spiel lockt die Spieler und Spielerinnen damit, dass man es scheinbar kostenlos spielen kann. Wer sich jedoch im Spiel Ausstattungs- und Ausrüstungsgegenstände kaufen will, muss diese gegen reales Geld erwerben – eine Masche, die in vielen Spielen praktiziert wird und der Spiele-Industrie immense Einnahmen beschert.[121]

In einigen Games agieren die Spielenden als Soldaten und üben in realistischen, teilweise extrem brutalen Szenarios den Krieg[122] oder kriegsähnliche Einsätze. In *Grand Theft Auto* (GTA) betätigen sich die Spielenden als Kriminelle (Autodiebstähle, Attentate, Mord, Prostituierte engagieren und anschließend töten, Sprengung eines Polizeireviers, Operationen mit einem Sprengstoff-Tanklaster). Im Spiel *Rape Day* haben Spielende die Möglichkeit, virtuell Frauen zu vergewaltigen. Das Spiel ist in Deutschland auf dem Index, in den USA ist es durch die Meinungsfreiheit gedeckt. Fast alle Gewaltspiele unterliegen offiziell einer Altersfreigabe ab einem Mindestalter. Gerade das macht sie für die Jahrgänge darunter besonders attraktiv. Die meisten jugendlichen Spieler, die mir oder Lehrkräften begegnen, mit denen ich zusammenarbeite, spielen Games, die sie eigentlich noch nicht spielen dürfen, und sind stolz darauf.

Videospiele VI: Vom Verlust der Realität zum Verlust der Menschlichkeit

Eine vom Hersteller als »familienfreundlich« angepriesene Plattform namens Roblox bietet ihren Benutzerinnen und Benutzern eine scheinbar kinderfreundlich wirkende, entfernt an Lego oder Playmobil erinnernde Szenerie. Auf dieser von Kindern im Grundschulalter gerne genutzten Plattform können erwachsene Benutzer ihrerseits selbst gemachte neue Spiele einstellen, die sie mit den Werkzeugen der Plattform selbst herstellen können. Spiele, die hier anzutreffen sind, heißen zum Beispiel *Torture Simulator* (ein Spiel, in dem man andere quälen kann), *Beach Massacre*, *Night Club Massacre*, *Glory Kill Testing* oder *Blutrausch*. In diesen Spielen wird gequält, gefoltert, getötet oder Kannibalismus ausgeübt. Doch auch die »Liebe« kommt nicht zu kurz: In Spielen wie *Bathroom Simulator* oder *Shower Sim* wird nackt agiert und Gruppensex praktiziert. Erwachsene konnten hier unter falscher Flagge mit Kindern Kontakt aufnehmen. Die Stiftung Warentest nannte das Treiben auf Roblox »inakzeptabel«. Möglicherweise sind einige der genannten Spiele auf der Plattform inzwischen nicht mehr verfügbar, sie waren es aber.[123]

Werfen wir zusammenfassend nochmals einen Blick auf die Beziehung zwischen der analogen Realität und der virtuellen Realität der Videospiele. Zur Natur des Spiels als solchem hatten wir eingangs reflektiert, dass es dem Menschen Raum für die zwanglose, spielerische Entfaltung seiner eigenen Mehrdimensionalität lassen sollte. Lösen die Videospiele – in ihrer großen Mehrheit – dieses Versprechen ein? Ein erstes Merkmal der meisten Videospiele ist ihre monomanische Einengung der im Spiel möglichen Interaktionen auf den Kampf, in vielen Spielen auch auf Terror und Kriminalität. Belohnt wird nur, wer im Machtkampf siegt und am Ende der Größte oder die Größte ist. Kooperationen dienen ausschließlich dem Kampf. Kooperation als primäres Motiv, Toleranz, Kompromissfindung und Humor als Merkmale einer facettenreichen Realität kommen in den meisten Spielen nicht vor. Ein zweites Kernelement der Videospiele ist ihre Immaterialität und Körperlosigkeit. Das Fehlen der zur analogen Realität gehörenden Dinglichkeit und Körperlichkeit wird mit einer immensen, intensiven Dosis an optischen und akustischen Reizen kompensiert. Aufgrund dessen merken Spielende nicht, dass sie, bis auf die schnellen Reaktionen ihrer Finger an der Tastatur oder am Controller, ihren Körper stundenlang kaum oder gar nicht bewegen.

Videospielende erleben auf dem Bildschirm einen hochfrequenten Szene- und Perspektivwechsel, der von einem ständigen akustischen Gedröhne und Geballere begleitet wird. Spielende sind ständig und hochfrequent einem

Reiz-Reaktions-Modus ausgesetzt. Trainiert wird ausschließlich das schnelle »Go«, nicht das inhibitorische »No Go«, das überlegende Innehalten, das »langsame Denken« nach Kahneman,[124] welches für ein erfolgreiches Navigieren in der analogen Realität eine überragende Bedeutung hat. Ein Merkmal des Gamings ist außerdem die physische Einsamkeit. Gamer sitzen alleine in ihren Zimmern. Wenn sie mit ihren Mitspielern verbunden sind, dann fast ausschließlich virtuell. Analoge Vis-à-vis-Situationen, direkter Blickkontakt in die Augen Anderer oder beiläufige Berührungen sind wesentliche Merkmale der analogen Welt, finden beim Gamen aber nicht statt, von erotischen Momenten ganz zu schweigen. Als ein letztes Merkmal des Gamings sei nochmals seine Tendenz zur Endlosigkeit erwähnt. Gespielt wird wie im Hamsterrad, viele finden ein Ende erst dann, wenn sie vor Müdigkeit fast vom Stuhl fallen.

Die genannten Merkmale der analogen Realität, die Videospiele vermissen lassen, sind Merkmale der Menschlichkeit. Der mit intensivem Gaming einhergehende Realitätsverlust ist zugleich ein Verlust an Menschlichkeit, vor allem seitens der Gamer sich selbst gegenüber. Felix Falk, dem Geschäftsführer des Game-Verbandes, war es wichtig, in einem Interview anlässlich der Gamescom, der Videospiel-Messe 2022, an der ich teilnehmen konnte, darauf hinzuweisen, dass Videospiele nicht nur ein Wirtschaftsfaktor, sondern auch ein »Kulturgut« seien.[125] Es mag Videospiele geben, die diesem Anspruch gerecht werden, sie spielen quantitativ aber nicht die geringste Rolle. Bei der Eröffnungsveranstaltung der Gamescom 2022, an der ich ebenfalls teilnahm, wurde zwei Stunden lang mit viel Getöse ein neues Spiel nach dem anderen vorgestellt und beklatscht. Es waren durchweg Kampf- und Gewaltspiele, eine Show der Monster. Wenn Felix Falk mit seinem Statement ausdrücken wollte, dass Videospiele, ähnlich wie die Kultur, einen immensen Einfluss auf das Denken, Fühlen und Handeln einer Gesellschaft haben, ist ihm unbedingt recht zu geben. Genau dies ist auch mein Punkt. Dieser Einfluss ist verheerend. So hat es der Geschäftsführer dieser milliardenschweren Branche aber vermutlich nicht gemeint.

Das Metaversum I: Ganz und gar in einer anderen Welt

Seine Geburtsstunde erlebte das »Metaversum« in einem 1992 erschienenen Roman mit dem Titel *Snow Crash* von Neal Stephenson.[126] An der Wiege dieser Geburt stand der gewollte Realitätsverlust. Denn Hiro, die Hauptfigur des Romans, war von Neal Stephenson in Compton angesiedelt worden, einer real existierenden, ziemlich heruntergekommenen multiethnischen 100.000-Einwohner-Stadt in der Nähe von Los Angeles, die wegen ihrer weit überdurchschnittlichen Mordraten als »Hauptstadt der Morde« bezeichnet wurde.[127] Das Leben war und ist hier nur schwer zu ertragen, der Wunsch nach einer Flucht aus der Realität nachvollziehbar. Stephensons Roman wurde in der Szene der digitalen Nerds zu einer Legende. Mit Recht, denn die in seinem Roman entwickelte Vision eines »Metaverse« sollte einige Jahre nach Erscheinen des Buches Realität werden: eine computergemachte, künstliche, digital simulierte Welt, in die Menschen durch das Aufsetzen einer Brille eintreten können. Vorläufer dessen, was heute als Metaversum bezeichnet wird, waren einige Videospiele, die es den Spielenden erlaubten, mit ihren Stellvertreter-Figuren nicht nur ein vorgegebenes Spiel zu bedienen, sondern kreativ zu sein, zum Beispiel über den Avatar soziale Kontakte zu knüpfen, an virtuell angebotenen kulturellen Veranstaltungen teilzunehmen (wie bei *Fortnite*), eigene Spiele zu implantieren (wie bei *Roblox*), wirtschaftlich tätig zu werden (wie bei *Minecraft*) oder virtuellen Grundbesitz zu erwerben (wie bei *Sandbox*).

Die modernen Versionen des Metaversums haben die Welt der Spiele aber hinter sich gelassen. Sie bieten den Usern einen virtuellen Tag-und-Nacht-Lebensraum in Echtzeit, in den sie mithilfe eines entsprechend ausgestatteten Computers und einer zwischen 400 und 1.800 Euro teuren Spezialbrille eintreten können.[128] Die Welten des Metaversums enthalten freie Natur, Siedlungen und Innenräume. Verschiedene große Digitalfirmen bieten jeweils ihre eigene Version eines Metaversums (und eigene Brillen) an: Mark Zuckerbergs Meta-Konzern (vormals Facebook) bietet *Horizon Worlds*, die Decentraland Foundation ließ ein Metaversum namens *Decentraland* entstehen, der Videospiele-Produzent Epic Games bietet *Fortnite*, die Firma Animoca Brands produziert *Sandbox*. Die Firma, die das weltweit derzeit wohl meistgenutzte Metaversum anbietet, ist die koreanische Naver Z Corporation mit ihrem Metaversum-Produkt *Zepeto* mit circa 300 Millionen Usern. Weitere Metaversen werden von Microsoft, Amazon, Google und Apple erwartet. Mark Zuckerbergs Vision ist, mit *Horizon World* das *eine* Metaversum zu schaffen. Wie die Entwicklung auf dem Markt der Metaversen, deren potenzielle Wertkreation auf bis zu fünf Billionen Dollar bis zum Jahr 2030 geschätzt wird,[129] weitergeht, ist derzeit offen.

Ein Metaversum bietet seinen Usern einen umfassenden Lebensraum, in dem Menschen, vertreten durch ihre Avatare, Existenzen gründen, sich treffen, arbeiten, einkaufen und ihre Freizeit verbringen können. In welcher Gestalt eine Nutzerin oder ein Nutzer im Metaversum auftritt, entscheidet sie oder er selbst. Man kann sich einen Avatar gestalten, der einem weitgehend ähnlich sieht oder auch nicht. Auch ob man seine Identität preisgibt oder inkognito auftritt oder ob man mit dem eigenen oder mit einem anderen Geschlecht auftritt, bleibt jedem User selbst überlassen. Man kann sich auch als Tier ins Metaversum begeben. Roberto Simanowski spricht in diesem Zusammenhang sehr zutreffend von einem »Identitätstourismus«.[130]

Interessant ist, dass, zumindest in *Horizon Worlds*, die Avatare noch keinen Unterleib haben. Dies hat nach Konzernangaben vor allem entwicklungstechnische Gründe – doch die Unterschlagung der Körperlichkeit ist grundsätzlich ein für die gesamte digitale Welt sehr typisches Phänomen – eine besondere Art von Realitätsverlust. Der eigene Avatar wird in der Regel gehegt und gepflegt, denn er vertritt seinen realen User. Dazu wird er von ihm mit Kleidung und anderen Accessoires ausgestattet, die ihn, jedenfalls aus der Sicht seines Users, attraktiv aussehen lassen sollen. Alle Artikel müssen im Metaversum gekauft und überaus teuer bezahlt werden, wobei ein Metaversum seine eigene Währung haben kann[131], die dann aber zuvor mit realem Geld erworben worden sein muss.

Der Avatar vertritt seine Nutzerin oder seinen Nutzer bei allen sozialen Kontakten mit anderen Avataren. Angesichts der Auslegung der Metaversen auf einen lang dauernden Verbleib können hier persönliche Beziehungen und soziale Gruppen aller Art entstehen. Der Avatar erlebt Anerkennung oder Zurückweisung, Zugehörigkeit oder Ausgrenzung. Auch Liebesbeziehungen sind, trotz fehlender Körperlichkeit, nicht ausgeschlossen, sie sind sogar wahrscheinlich. Unsichtbar »hinter« jedem Avatar stehen User, die sich mit dem Avatar natürlicherweise – je länger, umso mehr – identifizieren und die Handlungen und Erlebnisse des Avatars miterleben. Man kann seinen Avatar eine Existenz gründen, zum Beispiel ein virtuelles Grundstück kaufen lassen. Gute Lagen kosten allerdings reales Geld. Ein Käufer, der im *Sandbox*-Metaversum neben dem virtuellen Grundstück des populären Rappers Snoop Dog ein Grundstück erwerben wollte, musste 450.000 Dollar investieren.

Da das Metaversum auch die Möglichkeit bietet, Dienstleistungen zu vollbringen, zum Beispiel als Anwältin oder Anwalt, Ärztin oder Arzt andere zu beraten, sichern sich zahlreiche Unternehmen bereits jetzt entsprechende virtuelle Immobilien. Die renommierte Kanzlei Gleiss Lutz mit ihren mehr als 350 Anwält:innen hat in *Decentraland* ein Büro eröffnet. Firmen können im Metaversum nicht nur Niederlassungen gründen,[132] sondern auch Arbeitsräume mieten oder kaufen, in denen sie ihre Angestellten arbeiten lassen, aber auch Besprechungen und Verhandlungen stattfinden lassen können. Auch die geschäftlichen Auftritte besorgen Avatare, die in diesem Falle natürlich wohl eher nicht inkognito bleiben können – obwohl das Metaversum tatsächlich gute Möglichkeiten bietet, sich sowohl persönlich als auch geschäftlich gegenseitig zu täuschen.

Metaversum II: Anwendung für therapeutische Zwecke?

Es ist durchaus denkbar, Menschen im Rahmen eines Metaversums therapeutische Hilfestellungen zu geben. Bei Personen mit spezifischen Phobien wie zum Beispiel Flug- oder Höhenangst, Spinnenphobie, Angst vor Hunden oder Nadeln konnten virtuelle Expositionen, begleitet von psychotherapeutischen Gesprächen, zu einer Besserung der Symptome führen.[133] Menschen, die darunter litten, dass sie ständig dachten, andere würden schlecht über sie denken, ließ man mittels ihrer jeweiligen Avatare im Metaversum freundliche Erfahrungen mit anderen Avataren machen, was einen Rückgang ihrer Ängste zur Folge hatte.[134] Diese Beobachtung zeigt, dass Erfahrungen der Avatare aufgrund eines Identifikationsvorgangs signifikant auf die Nutzer-Personen zurückwirken können (siehe auch die folgenden Ausführungen zu der Frage, wie sich *negative* Erfahrungen des Avatars auf seinen Nutzer auswirken).

Gezielt eingesetzt, könnte das Metaversum auch die Empathiefähigkeit verbessern. Man ordnete beispielsweise häuslichen Gewalttätern für längere Zeit Avatare mit weiblichen Körpern zu, bis sich ein gewisser Gewöhnungs- und Identifikationsprozess eingestellt hatte. Dann ließ man die Gewalttäter die Erfahrung machen, dass ihr weiblicher Avatar einem gewaltsamen Angriff ausgesetzt wurde. Man konnte in der Folge messen, dass die Gewalttäter deutlich besser in der Lage waren, im Gesicht eines anderen Menschen Angst wahrzunehmen, eine Fähigkeit, die bei ihnen besonders schlecht ausgeprägt gewesen war.[135] In analoger Weise ordnete man weißen US-Polizisten einen Schwarzen Avatar zu und setzte dann, nach einer Gewöhnungsphase, den Schwarzen Avatar einem übergriffigen Verhör durch einen virtuellen weißen Polizisten aus. Vor und nach der Prozedur zeigte man den Probanden die Aufzeichnung eines realen übergriffigen Verhörs eines Schwarzen Beschuldigten durch einen weißen Polizisten und bat sie, diese Befragungen einzuschätzen. Das Ergebnis war, dass diejenigen, die in Gestalt ihres Schwarzen Avatars ein übergriffiges Verhör erlitten hatten, ihre Haltung geändert hatten und gegenüber Schwarzen Beschuldigten mehr Mitgefühl und Hilfsbereitschaft zeigten.[136] Ein gleichsinniges Ergebnis ließ sich dadurch erzielen, dass man Weißen, die rassistische Vorurteile hatten, eine gewisse Zeit einen Schwarzen Avatar zuordnete und sie fühlen ließ, wie es sich anfühlt, Schwarz zu sein.[137]

Solche Beispiele zeigen, dass sich die Identifikation mit dem Körper des Avatars, ein als »Virtual Embodiment« bezeichneter Vorgang, gezielt therapeutisch einsetzen lässt. Andererseits lassen die Experimente erwarten, dass die beobachtete Identifikation von Menschen mit ihren Avataren nicht nur dann stattfindet, wenn gute, therapeutische Zwecke angestrebt werden. Welche Folgen hat die nachweislich wirksame Identifikation mit dem Avatar, wenn Intensivspieler jahrelang gewaltsame Games spielen? Ich habe dies Mel Slater gefragt, in dessen Arbeitsgruppe die geschilderten, sehr erfreulichen Experimente mit Polizeibeamten gemacht wurden, bei denen es zu einer Verbesserung der Empathiefähigkeit kam. Er antwortete sehr freundlich, aber mein Vorschlag, die zu erwartenden *negativen* Effekte auf die Empathiefähigkeit von intensivem Gaming in Gewalt- und Kriegs-Videospielen wissenschaftlich zu untersuchen, stieß auf wenig Begeisterung. Im Übrigen lassen sich die mit dem Metaversum erzielten therapeutischen Effekte, sowohl bei Phobikern als auch bei Menschen mit Empathiestörungen, nur erzielen, wenn sie im Rahmen eines psychotherapeutischen Kontextes und unter Begleitung durch eine Psychotherapeutin oder einen Psychotherapeuten stattfinden. Außerhalb dieser therapeutischen Kontexte sind sowohl Videospiele als auch die Metaversen gesetzlose Räume.

Metaversum III: Das Metaversum als gesetzloser Raum und Krankheitsrisiko

Personen, die von Einsamkeit, Selbstwertproblemen oder sozialen Ängsten betroffen sind, könnten durch das Metaversum besonders angezogen sein. Dort angekommen, sind sie dann allerdings größeren Risiken und Nebenwirkungen ausgesetzt als in der Realität.[138] Wie erwähnt, ist das Metaversum ein gesetzloser Raum. Nutzerinnen von Zuckerbergs *Horizon Worlds* berichteten, bereits kurz nach Auftauchen ihres Avatars verbal und sexuell belästigt worden zu sein.[139] Frauen berichteten Fälle, wo sie in Hinterzimmer geführt worden seien, wo Männer sich im Beisein anderer Männer gewaltsam über sie hergemacht hätten.[140] Ich habe bewusst formuliert, »sie« seien in einen Raum geführt worden, man habe sich über »sie« hergemacht, obwohl es sich »nur« um die jeweiligen Avatare handelte. Die betroffenen Frauen empfanden die geschilderten Vorfälle, obwohl »nur« ihre Avatare betroffen waren, keinesfalls als harmlos, was auch aus fachpsychologischer Sicht nicht verwunderlich ist.

Die bereits geschilderten Experimente zeigen, wie Erfahrungen der Avatare auf ihre Nutzerinnen und Nutzer zurückwirken. Dazu passen wissenschaftliche Experimente wie die ebenfalls schon erwähnte »Rubber Hand Illusion«, die zeigen, dass Identifizierungen zu einer vollständigen Verschmelzung des »Selbst« mit einem Objekt oder einer menschenähnlichen Figur führen können. Die Erfahrungen, die einen Menschen schwer instabilisieren können, müssen nicht unbedingt gewaltsam sein.[141] Wie fühlt es sich zum Beispiel an, wenn eine Person, die über ihren Avatar eine feste Beziehung zu einer anderen Person aufgebaut hat, plötzlich mit deren Verschwinden konfrontiert ist, ein häufiges, als Ghosting bezeichnetes Phänomen?

Auch der von mir bereits erwähnte Mel Slater, klinischer Psychologe und einer der führenden Virtual-Reality-Forscher, sieht potenziell problematische Folgen, die ein langer oder intensiver Aufenthalt in einer virtuellen Ersatzwelt nach sich ziehen kann.[142] Er hält starke Enttäuschungseffekte für möglich, wenn Personen lange mit einem aufgehübschten Körper in einer verschönerten virtuellen Umgebung unterwegs waren und in die analoge Wirklichkeit zurückkehren (müssen). Wer viel in virtuellen Welten unterwegs sei, laufe Gefahr, in der analogen Welt einsam zu werden. Slater hält es außerdem für möglich, dass sich bei intensiven Nutzern, vor allem bei Kindern und Jugendlichen, Probleme ergeben, zwischen analoger und virtueller Realität zu unterscheiden. Vor allem im Rückblick könne in der Erinnerung verschwimmen, ob man eine Erfahrung real oder »nur« virtuell gemacht habe. Menschen, die an einer Psychose oder an einer Posttraumatischen Belastungsstörung leiden, könnte durch die Exposition in virtuellen Welten psychischer Schaden zugefügt werden. Schließlich sei zu bedenken, dass bei einem längeren Aufenthalt in einem virtuellen Ambiente labile Menschen veranlasst werden könnten, Dinge zu tun, die sie in besonnenem Zustand nicht tun würden.

Metaversum IV: Machtfülle, Abzocke und Datenabfluss

Das goldene Zeitalter des Metaversums bricht gerade erst an. Auch hier umgeben sich die Akteure der Digitalkonzerne mit einem mystischen Strahlenglanz. Als er im August 2022 *Horizon Worlds* in Spanien einführte, zeigte Mark Zuckerberg einen Videoclip, auf dem er von den Türmen der berühmten Kirche Sagrada Familia in Barcelona herabschwebte. Zur Einführung in Frankreich schwebte er – »Vom Himmel hoch, da komm ich her« – vom Eiffelturm herab. Auf der jährlichen Connect-Konferenz präsentierte Mark Zuckerberg im Oktober 2022 die neuen Entwicklungen seines Konzerns mit den Worten: »Das hier ist für euch, ihr Gläubigen!«

Ein wahrer Segen werden die Auswirkungen des Metaversum-Zeitalters vor allem für die Digitalkonzerne sein. Für alle wirtschaftlichen Aktivitäten müssen diejenigen, die sich auf *Horizon Worlds* betätigen, 50 % des Umsatzes an den Meta-Konzern abführen. Die Einnahmen, die sich aus den zahlreichen unausweichlichen Käufen im Metaversum ergeben, werden, wie schon bei den Videospielen, in die Milliarden gehen. Wirklich beängstigend aber ist der gewaltige Datenabfluss.

Nichts, was in einem der Metaversen geschieht, ist vertraulich, alles, was kommuniziert wird und zwischen den Usern geschieht, ist für die Mutterkonzerne zugänglich. Wenn sich Zuckerbergs Vorstellung realisiert, dass irgendwann alle gezwungen sein werden, sich im Metaversum – möglichst natürlich in *seinem* Metaversum – anzumelden, einfach deshalb, weil sich alle anderen auch dort aufhalten, dann steht die Menschheit einer unkontrollierten Machtfülle gegenüber, wie sie womöglich nicht einmal im Mittelalter bestanden hat.

4. KAPITEL

Realitätsverlust in Vollendung: Die Techno-Religion des Transhumanismus

***»Ich beschwöre Euch, meine Brüder,
bleibt der Erde treu und glaubt denen nicht,
welche Euch von überirdischen Hoffnungen reden!
Giftmischer sind es, ob sie es wissen oder nicht.«***

Friedrich Nietzsche, *Also sprach Zarathustra*, Band 1, 1883

Die Ziele der Aufklärung und des aus ihr hervorgegangenen Humanismus waren es, den Menschen durch Chancengleichheit, Bildung und kulturelle Entfaltung zu sich selbst finden zu lassen. Demgegenüber ist der sogenannte Transhumanismus von der Vorstellung geleitet, die biologischen und geistigen Begrenzungen menschlichen Lebens vorrangig mit technologischen Mitteln zu überwinden und den Menschen dadurch in ein posthumanes Wesen zu verwandeln. Langfristig soll der Mensch, wenn möglich, durch eine unsterbliche digitale Simulation oder durch Künstliche Superintelligenzen ersetzt werden. Zu den Ideen, die den Transhumanismus heute ausmachen, haben in den letzten Jahrzehnten zahlreiche Autoren beigetragen.[143] Der Begriff des Transhumanismus geht auf Julian Huxley (1887–1975) zurück, der eugenischen Ideen anhing.[144] Sein heutiges Gepräge erhielt der Transhumanismus durch den englischen Philosophen Max More (*1964), den US-amerikanischen Computerwissenschaftler Ray Kurzweil (*1948), Leiter des Bereichs Technische Entwicklung beim Technologiekonzern Google, durch den schwedischen, an der Universität Oxford lehrenden Philosophen Nick Bostrom (*1973) und zuletzt durch ein Werk des aus Australien stammenden, in New York lehrenden Philosophen David Chalmers (*1966). Es sind vor allem Werke dieser Autoren, auf die der derzeitige Diskurs zum Thema Transhumanismus Bezug nimmt. Speziell in Deutschland im Sinne des Transhumanismus einflussreich war auch der israelische Historiker Yuval Harari (*1976) mit seinem Werk *Homo Deus*.

Die Versprechen des Transhumanismus betreffen die Überwindung so gut wie sämtlicher geistiger und körperlicher Begrenzungen des Menschen. Dazu gehört in einer ersten Phase, in der wir uns bereits befinden, dass digitale Zusatzelemente unseren Geist leistungsfähiger machen sollen. Unsere Wahrnehmung soll durch eine digital angereicherte Realität (»Augmented Reality«) erweitert werden. Dies kann durch spezielle Brillen geschehen, die uns Informationen oder simulierte Gegenstände in unser Blickfeld einspielen. Zu dieser ersten Phase gehören auch genetische Eingriffe und weitere medizinisch-technologische Maßnahmen, die unseren Körper von Krankheiten, Alterung und Sterblichkeit befreien sollen. Das Ergebnis dieser ersten Stufe der Verbesserung wäre ein sogenannter Cyborg, ein Mischwesen aus einem Menschen und technologischen Elementen.

Doch die vom Transhumanismus ausgegebenen Vorhersagen und Ziele reichen weiter. Die bereits genannten Wortführer gehen davon aus, dass Lebewesen – und das Leben überhaupt – nach dem Prinzip von technischen Maschinen funktionieren. Das Verhalten des Menschen sei nichts weiter als das Ergebnis eines – wenn auch sehr komplexen – Algorithmus. Daher seien der biologische Körper und das Gehirn, einschließlich des Bewusstseins, digital simulierbar. Der menschliche Geist lasse sich in nicht allzu ferner Zukunft in einen Computer übertragen oder »uploaden«. Das damit ausdrücklich verbundene Versprechen ist nicht mehr und nicht weniger als die Unsterblichkeit. Ähnlich wie sich schon jetzt durch digitale Simulation künstliche Welten schaffen ließen, lasse sich auch der Mensch virtuell simulieren und in diese virtuellen Welten hineintransferieren. Künstliche Intelligenzen könnten aber auch unseren Planeten verlassen, um ferne Planeten zu besiedeln.

Die mit der Entwicklung digitaler Technologien verbundenen wirtschaftlichen Interessen und der Transhumanismus stehen in einem sich gegenseitig verstärkenden wechselseitigen Verhältnis. Da die Ideen des Transhumanismus den Einsatz gewaltiger digitaler Technologien vorsehen, finden sie in Investoren- und Unternehmerkreisen großen Anklang. Das liegt nicht nur an den gewaltigen Verdienstmöglichkeiten, sondern auch an dem Umstand, dass demokratische Prinzipien, insbesondere soziale Fairness und für alle zugängliche Bildungssysteme, nicht zu den Anliegen des Transhumanismus zählen, eher im Gegenteil. Zu den Sympathisanten und Förderern von Projekten, die sich am Futurismus des Transhumanismus orientieren, gehören einige der reichsten und einflussreichsten Menschen dieser Welt, unter ihnen – nur zwei Beispiele unter vielen – Elon Musk und Peter Thiel sowie einige von ihnen geförderte, vorzugsweise zur Republikanischen Partei der USA gehörende Politiker.[145]

David Chalmers' *Reality+*: Ein Manifest des Realitätsverlustes[146]

Narrative können auch dann, wenn Zweifel an ihrer Richtigkeit angebracht sind, eine gewaltige Macht entfalten. Die Transfers unseres Lebens in die digitalen Räume, die ich im dritten Kapitel beschrieben habe, sind keine Nebenschauplätze. Dass sie Teil einer heraufziehenden neuen Sichtweise auf das sind, was wir bisher die Realität nannten, macht ein 2022 erschienenes Werk von David Chalmers deutlich.[147] David Chalmers ist ein weltweit angesehener Philosoph und gehört zu den Denkern, die ich in der Vergangenheit immer wieder gerne zitiert habe. Der Grund war, dass sich seine philosophischen Überlegungen zur Natur des menschlichen »Selbst« überraschend gut mit Erkenntnissen ergänzten, die wir aus neurowissenschaftlicher Sicht über dieses »Selbst« haben.[148] Doch darum geht es in seinem neuesten Werk nicht. Wenn ein Philosoph von seinem Kaliber unter dem Titel *Reality+* ein Werk vorlegt, in dem er nicht nur auf ganzer Linie auf den Transhumanismus einschwenkt, sondern zugleich die Grenzen zwischen der analogen Realität und digitalen Simulationen auflöst, dann gleicht dies einem Erdbeben.

David Chalmers vollzieht die Auflösung der Grenze zwischen Realität und digitaler Simulation von beiden Seiten her: Er erhebt digitale Simulationen in den Rang einer vollwertigen Realität, zugleich hält er es für wahrscheinlich, dass die Welt der analogen Realität einschließlich aller naturwissenschaftlichen Tatsachen, derer wir uns bisher sicher waren, selbst eine digitale Simulation sei, die von einer uns unbekannten höheren Stelle aus inszeniert sei. Auch die Abläufe im menschlichen Gehirn lassen sich nach Chalmers' Überzeugung digital simulieren, das menschliche Bewusstsein lasse sich auf einen Computer uploaden, Menschen könnten dadurch Unsterblichkeit erlangen. Wenn diese abenteuerliche Umdeutung der (bisherigen) analogen Realität als Simulation einerseits und die Aufwertung digitaler Simulationen zu einer gleichwertigen Realität andererseits von einem – bislang – so kritischen Geist wie David Chalmers vorgenommen werden, dann ist davon auszugehen, dass sich der in diesem Denken ausdrückende Realitätsverlust, zumindest in den USA, zu einer herrschenden Philosophie entwickeln wird oder schon entwickelt hat. Es kann uns in Europa, dem Kontinent der Aufklärung, nicht unberührt lassen, wenn in der westlichen Führungsmacht ein Denken die Oberhand gewinnt, das hinter die Aufklärung zurückfällt, die Grenze zwischen »Fake« und »Real« verwischt und einer digitalen Mystik das Wort redet.

Digitale Metaphysik I: Umdeutung von Simulation(en) zur neuen Realität

Die Beobachtung, dass die Nutzung von Videospielen ein Ausweichen in eine Ersatzwelt sein kann und dass der intensive Gebrauch virtueller Spiele im menschlichen Erleben zu einer Verwischung zwischen Realität und simulierter Scheinwelt führen kann (siehe Kapitel 3), findet in Chalmers' Werk ihren philosophischen Nachvollzug. Tatsächlich lässt Chalmers seine Argumentation mit der Erwähnung des Metaversum-Vorläufers *Second Life* beginnen. Die virtuellen Fantasieräume von digitalen Spielen und die darin auftretenden Avatare seien vollständig real.[149] Diesen Anspruch gründet Chalmers auf eine interessante, bei näherer Betrachtung aber etwas abenteuerliche Argumentation: Damit vor unseren Augen *virtuelle Objekte* erscheinen könnten, müssten diese zunächst durch Strukturen in Computer-Schaltkreisen (durch »Structures of bits«) als *digitale Objekte* erzeugt werden. Die in den Computer hineinprogrammierten und dort gespeicherten digitalen Objekte seien unzweifelhaft real, eine so weit sicher unbestreitbare Annahme.

Mit einem Konzept, das er »Virtuellen Realismus« nennt, überträgt Chalmers den Realitätsanspruch von *digitalen* Objekten (die im Computer als Programme verborgen sind) auf die *virtuellen* Objekte (die für uns am Bildschirm sichtbar sind).[150] Damit verwechselt er den Werkstoff (das digitale Programm) mit dem Produkt (dem für unsere Wahrnehmung erzeugten Bild), so als würde man Pinsel, Farbe und zerlegte Teile von bemalter Leinwand mit einem gemalten Bild gleichsetzen. Wenn Chalmers ergänzend argumentiert, dass virtuellen Objekten, also den für unser Auge sichtbaren Scheinwelten, auch deswegen ein Realitätsanspruch zustehe, weil sie eine kausale Kraft (auf den Betrachter, aber auch auf andere virtuelle Objekte) ausüben könnten,[151] wird ausgeblendet, dass diese »kausale Kraft« nicht im virtuellen Objekt selbst steckt, sondern ihr durch die Hand eines Programmierers und durch einen Stromanschluss verliehen wurde. Ein simulierter Gewitterregen macht weder den Computer noch den Bildschirm nass. Ein simuliertes schwarzes Loch zieht niemanden in den Computer oder in den Bildschirm hinein. Hinzu kommt die banale Tatsache, dass allen simulierten Objekten die behauptete »kausale Kraft« abhandenkommt, sobald man dem Computer oder dem Bildschirm den Stecker zieht. Mit der kausalen Kraft verschwindet dann auch die zur Realität hochgejubelte simulierte Schein-Realität.

Nicht nur Dinge und materielle Umwelten, auch Lebewesen lassen sich, Chalmers zufolge, perfekt digital reproduzieren. Das Leben sei nicht mehr als die in Lebewesen wirksame Chemie und Physik.[152] Lebewesen sind in seiner Sichtweise biologische Maschinen, die sich mit einer ausreichend gut entwickelten Technologie durch Computer digital simulieren lassen, sodass sie vom Original nicht unterscheidbar sind.[153] Nicht nur der menschliche Körper, auch das menschliche Gehirn sei eine »mechanische Maschine«, wenn auch eine komplizierte.[154] Menschliches Verhalten folge algorithmischen Vorgaben des Gehirns, es sei daher davon auszugehen, dass der Mensch nicht über einen freien Willen verfüge.[155] Innerhalb von weniger als hundert Jahren seien akkurate digitale Simulationen eines menschlichen Gehirns und seines Verhaltens möglich. Simulierte menschliche Gehirne könnten nicht nur über Intelligenz verfügen, sondern auch ein Bewusstsein besitzen.[156] Man könne auch ohne Gehirn ein bewusstes Erleben haben: Als stoffliche Grundlage könnten anstatt eines Gehirns auch Silizium-Chips dienen.[157] Damit entkoppelt Chalmers das menschliche Denken und Fühlen von seinen körperlichen Grundlagen und etabliert eine digitale Metaphysik. Eine perfekte Simulation des eigenen Körpers und des eigenen Gehirns werde sich genauso verhalten wie das Original.[158]

Digitale Metaphysik II: Menschlicher Geist, hochgeladen in eine Maschine und damit unsterblich

Da sich Gehirne simulieren ließen, seien die Voraussetzungen gegeben, den Geist und das Bewusstsein von Menschen in einen Computer zu übertragen, das schon erwähnte Mind Uploading.[159] Dabei gehe man, so die geradezu fürsorgliche und erstaunlich detaillierte Empfehlung von Chalmers, am besten in kleinen Schritten vor und ersetze peu à peu Nervenzellen durch Chips.[160] Dabei sei sicherzustellen, dass jeder neue Chip mit seiner Umgebung so interagiere, wie es die jeweilige Nervenzelle getan habe, die ersetzt worden sei.[161] Dann sei es möglich, »dass die originale Person stirbt und eine neue Person geschaffen wird«.[162] Die transferierte Person habe Aussicht auf »immortality«, also auf Unsterblichkeit. Nun müsse sie nur noch mit einer virtuellen Welt verbunden werden: »Die virtuelle Welt ist eine Art Himmel, wo Menschen für immer leben können.«[163]

Die Sehnsucht nach virtuellen Ersatzwelten erinnert an das als Eskapismus bezeichnete Motiv, einer nicht mehr erträglichen realen Welt zu entkommen. Dieses Motiv war uns bereits im Zusammenhang mit den sozialen Medien, mit den Videospielen und mit dem Metaversum begegnet. Es wird durch David Chalmers bestätigt und ausdrücklich geteilt. »Es ist das Jahr 2095. Die Oberfläche der Erde ist ein Wrack, ein Opfer nuklearer Kriegsführung und des Klimawandels. Sie würden hier auf der Erde eine armselige Existenz führen. … Oder Sie könnten Ihren physischen Körper in ein gut geschütztes Lagerhaus verschließen lassen und in eine virtuelle Welt eintreten.« Chalmers fährt unmittelbar fort, uns die Sache wie folgt weiter schmackhaft zu machen: »Lassen Sie uns diese virtuelle Welt Wirklichkeitsmaschine nennen. In der Wirklichkeitsmaschine würden Sie sich viel komfortabler fühlen als in der physischen Realität. Diese Welt ist sicherer, für jeden gibt es unberührtes Land. Die meisten Ihrer Freunde und Familien sind schon hier. Sie haben die Chance, eine Gemeinschaft aufzubauen und etwas zu bewirken. Sie haben nun die Wahl. Würden Sie in die Realitätsmaschine eintreten?«[164] Eskapismus reinster Art. Narrative dieser Art haben Effekte im Sinne einer sich selbst erfüllenden Prophezeiung. Sie stellen die reale Welt als nicht mehr lebenswert und nicht mehr rettbar dar. Sie betören und verführen den Menschen mit digitaler Mystik. Dass sie von einem angesehenen Philosophen des 21. Jahrhunderts vertreten werden, ist erstaunlich.

Angesicht der rosigen Versprechungen zum Leben im digitalen Jenseits lohnt es sich, auch bei David Chalmers das »Kleingedruckte« zu lesen.[165] Wir hörten bereits das Versprechen, dass es in der virtuellen Realität »für jeden unberührtes Land« gebe. Die verlockenden Ansagen gehen noch darüber hinaus: »Die virtuelle Welt kann die Knappheit an vielen materiellen Gütern beseitigen. … Jedermann kann auf Wunsch eine eigene idyllische Insel haben. Auch der Hausbau ist nicht schwierig. Jedermann kann ein geräumiges, wunderschön gelegenes virtuelles Zuhause haben. Das Ergebnis kann virtueller Überfluss sein.«[166] Der wie nebenbei eingestreute Hinweis, dass die Kosten gering seien, weist darauf hin, dass, wie schon beim Videospielen und beim Metaversum, auch im Jenseits bezahlt werden muss. Zur Frage, wie Einkommensschwache für ihre Ausgaben in der virtuellen Welt bezahlen sollen, schlägt Chalmers ein allgemeines Grundeinkommen vor.[167] Etwas später werden die utopischen Versprechen dann aber wieder einkassiert: »Es ist leicht, sich vorzustellen, dass gegenwärtige Ursachen für gesellschaftliche Unterdrückung sich in die virtuelle Welt übertragen werden. Der Zugang zur virtuellen Welt dürfte für manche Gruppen viel leichter sein als für andere. … Wir können nicht erwarten, dass die virtuelle Welt eine egalitäre Utopie werden kann.«[168] Es haben also nicht alle gleichen Zugang zum digitalen Himmelreich, und Geld entscheidet: die Rückkehr des mittelalterlichen Ablasshandels.

Die Nähe zu einer neuen, hinter die Aufklärung zurückgehenden Mystik muss den Vertretern des Transhumanismus nicht angedichtet werden, sie bringen sie ganz unverhohlen selbst zum Ausdruck. Die Vision, digitale Lebenswelten erschaffen zu können, in denen bewusstseinsfähige digitale Simulationen von Menschen ihr Leben verbringen, lässt Fantasien aufscheinen, die man heutzutage eher in einem Kinderbuch als in einem philosophischen Werk erwarten würde. »Wenn wir selbst simulierte Welten erschaffen, werden wir die Götter dieser Welten sein. Wir werden, soweit es diese Welten betrifft, allmächtig und allwissend sein. Wenn die simulierten Welten komplexer werden und simulierte Wesen mit eigenem Bewusstsein beinhalten, dann wird es eine gewaltige Verantwortung sein, Gott einer simulierten Welt zu sein.«[169] Vorstellungen dieser Art sind ein Kennzeichen der Spiele, die Kinder mit Figuren spielen. Hier sind sie Teil eines philosophischen Werkes und werden ohne jede Ironie vorgetragen. Wir sollten sie ernst nehmen. Der reale, wahre Kern hinter diesen Ausführungen wird deutlich, wenn wir sie mit dem kritischen Verstand der Aufklärung reflektieren: In den Tech-Konzernen, die virtuelle Welten für Videospiele und das Internet entwerfen und weitergehende künstliche Welten planen, konzentriert sich eine derart umfassende Macht, wie es sie nur im Feudalismus und in der mittelalterlichen Kirche gab. Diese Macht bedarf einer Konfrontation, einer neuen Aufklärung und einer demokratischen Transformation.

Digitale Metaphysik III: Der Ausverkauf der Realität oder Die reale Welt sei Simulation

Seine Vollendung findet der Realitätsverlust in der Annahme, unsere reale analoge Welt sei eine Simulation. Der unseren Planeten umgebende Kosmos, unsere natürliche Umwelt, die biologische Existenz von Pflanzen und Tieren und nicht zuletzt die vom Menschen entwickelten Wissenschaften und technischen Errungenschaften seien das Werk eines Simulators. Auch diese Vorstellung ist natürlich keineswegs neu, sondern war – hinsichtlich der Bilder und der Sprache etwas anders zum Ausdruck gebracht – der Glaubenskern der großen Religionen.[170] Bei Chalmers, einem angesehenen Philosophen des 21. Jahrhunderts, begegnet uns die Vorstellung unter neuem Vorzeichen. Ausgangspunkt ist ein fundamentaler Agnostizismus,[171] der dann aber zur Grundlage weitreichender spekulativer Ausführungen wird. Man könne nicht wissen, was die Welt um uns herum wirklich sei.

Hinter der physischen Welt verborgen sei, so Chalmers, eine digitale Realität: Hinter den physischen Dingen, hinter der Materialität der Welt stünden digitale Informationen und Programme. Hinter jedem »It« (Ding) stehe ein »Bit« (eine digitale Information). Hinter den physikalischen, chemischen und biologischen Elementen, die in unserer materiellen Welt vorzufinden seien, stünden digitale Algorithmen.[172] Die Bestandteile der physikalischen Welt – Quarks und Photonen – spielten in diesem Modell eine Art Theaterrolle, die ihnen vom dahinterstehenden Algorithmus zugewiesen worden sei.[173] David Chalmers belässt es nicht bei der *Möglichkeit*, dass wir in einer simulierten Welt leben, sondern bekennt sich klar. »Wir sind wahrscheinlich Simulationen.«[174] Er stellt sich dabei ausdrücklich an die Seite des bereits erwähnten Nick Bostrom, einer der Väter und eine Autorität des modernen Transhumanismus.[175] Im gleichen Sinne geäußert hat sich auch Elon Musk.[176] Dass wir uns in einer simulierten Welt befänden, firmiert bei Chalmers sogar als »Entdeckung« (»discovery«),[177] was der Spekulation eine gewisse Faktizität verleihen soll.

Wenn Menschen in dieser Welt angeblich in einer simulierten Realität leben, zugleich aber in der Lage sind, ihrerseits simulierte Welten zu erschaffen, dann entsteht das Bild einer mehrstufigen Schöpfungshierarchie. So sieht es auch David Chalmers. Die Simulatoren unserer Welt könnten ihrerseits Produkte einer hierarchisch über ihnen angesiedelten Welt sein. Lediglich die »top level population« sei nicht künstlich geschaffen worden.[178] Es sei sehr wahrscheinlich, dass es an der Spitze der Schöpfungshierarchie eine Ebene mit »unsimulierter Realität« und einem »unsimulierten Simulator« gebe.[179] Andererseits könnten, wenn man in der Hierarchie abwärtsschaue, in einer von uns geschaffenen simulierten Welt die dort lebenden bewusstseinsfähigen Akteure ihrerseits simulierte Welten produzieren, die dann unter ihnen angesiedelt wären. Da jede Ebene wahrscheinlich mehrere simulierte Welten entstehen lasse, sei davon auszugehen, dass es viele Universen gebe.[180]

Digitale Mystik: Angriff auf die Realität, Rückkehr hinter die Aufklärung

David Chalmers' Werk *Reality+* bündelt die transhumanistischen Tech-Ideologien. Die wesentlichen, aufeinander aufbauenden und miteinander verbundenen Glaubenssätze dieses Manifests betreffen das Wesen des Lebens und der Realität.

- Lebewesen sind Maschinen, deren innere Funktionen ausschließlich einem programmierbaren Algorithmus folgen. Sie sind daher digital simulierbar. Auch das menschliche Bewusstsein ist simulierbar. Ein freier Wille existiert nicht.
- Angesichts einer zugrunde gehenden Welt ist es wünschenswert und in nicht allzu ferner Zukunft auch möglich,

menschlichen Geist und menschliches Bewusstsein auf einen Computer zu transferieren und in eine simulierte Umwelt zu bringen. Dadurch lässt sich Unsterblichkeit erlangen.

Die Realität betreffend, unternimmt Chalmers einen Angriff an zwei Fronten:

- Einerseits formuliert er den Anspruch, digital simulierte Realitäten und in sie hineinplatzierte, digital simulierte Lebewesen dürften einen gleichwertigen Wirklichkeitsanspruch behaupten wie die analoge Realität.
- Andererseits erklärt er die analoge Realität zu einer digitalen Simulation, inszeniert durch unbekannte, Gott-ähnliche Simulatoren auf höherer Ebene. Dies betreffe auch den Menschen. Dass die analoge Realität eine Simulation sei, bezeichnet er als Entdeckung.

Diese vier Grundaussagen sind ein fundamentaler Angriff und beinhalten einen umfassenden Machtanspruch. Soweit sie das Leben betreffen, deuten sie das Verhalten des Menschen zu einem mechanischen, algorithmisch gesteuerten Ablauf um, geben die biologische Existenz des Menschen für technische Manipulationen frei und sprechen dem Menschen seinen intrinsischen Anspruch auf eine unantastbare Autonomie und Würde ab. Von Chalmers ausdrücklich formulierte Pflichten zu einem verantwortlichen, ethischen Umgang – zum Beispiel mit den durch Simulation erzeugten Menschen – können diesen Zugriff und Angriff auf das Leben bestenfalls paternalistisch kaschieren.

Soweit sie die Realität betreffen, sind die angeführten Grundaussagen der Versuch, die Einmaligkeit, Unersetzlichkeit und Unverfügbarkeit des Planeten anzugreifen und die Erde, jenes der Menschheit durch die Evolution zugewiesene Biotop, als durch Simulation ersetzbar darzustellen. Beides, sowohl der Angriff auf das Leben als auch der auf die Unersetzlichkeit unseres Planeten, ist der Versuch, das Leben und unseren Planeten dem Zugriff, der Kontrolle und den Geschäftsinteressen der Digitalkonzerne zu unterwerfen. Mit einer absurden Mystik soll die Menschheit in einen Zustand zurückversetzt werden, in dem sie vor der Aufklärung über viele Jahrhunderte hinweg gelebt hat.

Darstellungen, die dem Leben das Lebendige und der Realität die Wirklichkeit absprechen, gehen über die genannten politischen Effekte noch hinaus. Sie betreffen das Lebensgefühl von Milliarden Menschen, sie werden deren psychische Befindlichkeit und das Zusammenleben der Menschen verändern. *Zwischen der psychischen Gesundheit des Menschen und der Gewissheit einer verlässlichen Realität besteht ein wechselseitiger Zusammenhang.* Umwelten, in denen wir leben, bilden sich vor allem in den Jahren der Kindheit und Jugend in uns ab und leisten durch ihre Konstanz und Verlässlichkeit einen entscheidenden Beitrag zur Entwicklung eines stabilen Selbst. Umgekehrt befestigt die sozial geteilte, gemeinsame Wahrnehmung der uns umgebenden Welt die Gewissheit, dass es so etwas wie Realität gibt.

Die Erfahrung einer sozial geteilten Wahrnehmung der Realität ist eine entscheidende Voraussetzung für die Entstehung und den Erhalt zwischenmenschlicher Bindungen. Ein Zusammenbruch dieser Gewissheiten kann, wie sich bei Erdbebenopfern, aber auch bei Kindern beobachten lässt, deren Familie zusammengebrochen ist, schwere psychische Störungen nach sich ziehen. Ein Wegfall der sozial geteilten, gemeinsamen Wahrnehmung der uns umgebenden Welt kann schwere Entfremdungsgefühle bis hin zur Psychose zur Folge haben.[181]

Obwohl ich seine Thesen für falsch und gefährlich halte, bin ich David Chalmers dankbar für *Reality+*, weil sein Werk die impliziten Überzeugungen und expliziten Glaubenssätze der digitalen Tech-Bewegung und des Transhumanismus, welche bisher heterogen in den westlichen Gesellschaften verstreut waren, in einem systematischen Werk zusammengefasst hat. Anstatt nur zuschauen zu müssen, wie transhumanistische Überzeugungen wie eine um sich greifende Trance in unsere Gesellschaften sickern, kann man mit *Reality+* ein zusammengefasstes, explizites Bekenntnis dessen lesen, woran maßgebliche und tonangebende Vertreter der Tech-Bewegung glauben. Ohne ein solches Werk fehlte eine entscheidende Voraussetzung, um sich mit der im Transhumanismus verborgenen digitalen Mystik auseinandersetzen zu können.

David Chalmers' Buch ist der philosophische Überbau eines zivilisatorischen Trends, der mit der Entwicklung der sozialen Medien, der Videospiele und des Metaversums seinen Anfang nahm, dessen Ziele aber weit darüber hinausreichen und dessen Effekte darin bestehen, menschlichem Leben die analoge Realität unter den Füßen wegzuziehen.

5. KAPITEL

Das menschliche Gehirn, KI und die Frage des Bewusstseins

Anfang des Jahres 2023 saß ich nach einem Vortrag, den ich an einem sozialwissenschaftlichen Lehrstuhl einer Universität gehalten hatte, mit einem Dutzend junger wissenschaftlicher Mitarbeiterinnen und Mitarbeiter beim Abendessen. Es war eine sehr nette Runde. Ich hatte über die Bedeutung zwischenmenschlicher Beziehungen aus Sicht der Sozialen Neurowissenschaften gesprochen. Wenige Wochen vor meinem Vortrag hatte die Einführung der textproduzierenden digitalen Maschine »Chat-GPT« von der Firma Open AI Aufsehen erregt. Daher drehte sich die Diskussion um die Einschätzung digitaler Systeme mit KI. Einige der jungen Wissenschaftlerinnen und Wissenschaftler vertraten allen Ernstes die Position, KI-Systeme hätten ein Bewusstsein und könnten demnach Ansprüche ableiten, wie Subjekte behandelt zu werden.

Nicht nur Chat-GPT, auch andere Textgeneratoren wie LaMDA und Bildgeneratoren wie DALL-E-2, Midjourney oder Stable Diffusion richten die öffentliche Aufmerksamkeit auf Maschinen, die diese Produkte ermöglicht haben: Computer, die mit sogenannten Künstlichen Neuronalen Netzen (KNN) arbeiten. Sie sind gemeint, wenn von Künstlicher Intelligenz oder KI die Rede ist (Englisch: »Artificial Intelligence« oder AI). Systeme dieser Art sind seit Jahren in vielen Produkten im Einsatz, unter anderem in Kraftfahrzeugen, die uns beim Autofahren assistieren, oder in Suchmaschinen, die wir im Internet benutzen. Das Gespräch mit den jungen Soziologinnen und Soziologen machte mir deutlich, wie wenig selbst in wissenschaftlichen Kreisen darüber bekannt ist, wie »Künstliche Intelligenz« und »Künstliche Neuronale Netze« wirklich funktionieren und in welch ehrfürchtige Trance unser Denken über KI-Systeme hinüberzugleiten droht.

Hinter der Suggestion, dass Künstliche Intelligenzen auf diesem Globus irgendwann die Geschäftsführung übernehmen werden, stehen Menschen, die mit diesen Systemen Macht ausüben und gute Geschäfte machen. Die digitale Mystik ist ihr Narrativ. Der einst eher obskure, allenfalls in Science-Fiction-Kreisen gehegte Gedanke von der Ablösung und schließlich der Abschaffung der Menschheit, den die Denker des Transhumanismus seit über zwei Jahrzehnten ernsthaft in die Debatte einbringen, macht inzwischen auch in der breiten Bevölkerung die Runde. Dass jedes neue digitale Produkt, das mit Künstlicher Intelligenz arbeitet, durch die Medien erklärt und begleitet wird, ist gut. Weniger gut ist das ehrfürchtige Staunen, in welchem der öffentliche Diskurs geführt wird.

Ausdruck der merkwürdigen Ehrfurcht, welche digitale Produkte vielerorts auslösen, ist eine Stimmung, man dürfe jetzt nichts verpassen: Alle, die bei der Digitalisierung als

Konsumenten nicht vorne mitspielten, seien Verlierer: Kinder, wenn sie nicht schon in der Kita an ihren Bildschirmen wischen. Schulen, wenn sie ihre Lehrkräfte nicht durch KI-gestützte Lernprogramme ersetzt haben. Jugendliche und Erwachsene, die ihr Leben nicht in einem sozialen Netzwerk leben. Menschen, die noch nicht gamen oder im Metaversum navigieren. Das neue Narrativ lautet: Wo digitale Systeme im Einsatz sind, da sind wir »up to date«. Wo, wie altmodisch, immer noch Menschen mit Menschen zu tun haben, da bestehe dringender Bedarf nach Abhilfe. Dieses Narrativ ist Ausdruck unserer bereits jetzt erheblich geschwächten Bodenhaftung zur Realität, die der Anlass war und ist, dieses Buch zu verfassen.

Die digitalen Systeme sollten unsere Werkzeuge werden, anstatt dass wir uns zu ihrem Werkzeug machen lassen. Wir müssen aus der hypnotischen Passivität der Konsumenten herauskommen. Dazu gehört unter anderem auch, digitale Techniken – etwa ab der 5. Klasse – in der Schule zu lehren, anstatt Kinder und Jugendliche viel zu früh zu suchtabhängigen Konsumenten der Endgeräte zu machen. Wir müssen die Steuerung über unser Leben bewahren beziehungsweise zurückgewinnen, anstatt zuzulassen, dass wir und unsere Kinder sich von den digitalen Angeboten steuern lassen und erleiden, was ich Realitätsverlust nenne. Hinter den Systemen, die von uns Besitz ergreifen, stehen diejenigen, die sie besitzen und mit ihnen Macht ausüben.

Die ungeheure Machtzusammenballung in den digitalen Konzernen hat eine schleichende Ent-Demokratisierung unserer Gesellschaften und die Rückkehr des Menschen in selbst gewählte Unmündigkeit mit sich gebracht.[182] Die digitalen Monopole demokratischen, marktwirtschaftlichen und steuerlichen Standards zu unterwerfen, wird eine gewaltige politische Aufgabe sein. Gegenstand dieses Buches ist aber vor allem aufzuzeigen, dass wir auf einer ganz persönlichen Ebene etwas gegen die Rückkehr in die Unmündigkeit tun können. Dies betrifft unseren Kontakt zu Mitmenschen, und hier vor allem zu unseren Kindern. Ihre Präsenz und ihre Wünsche nach analogem Wahrgenommen-Werden sind, um es mit dem bereits zitierten Viktor Frankl zu sagen, *die* entscheidenden Fragen, die das Leben an uns stellt.

Das menschliche Gehirn und die Frage des Bewusstseins

Beim Nachdenken darüber, was Bewusstsein ist[183] und ob Künstliche Neuronale Netze ein Bewusstsein haben, stößt man sehr schnell auf die noch grundlegendere Frage, was »Leben« ist. Die Frage des Bewusstseins stellt sich nur für Lebewesen.[184] Wir knüpfen hier nun einige Überlegungen an, die ich bereits im zweiten Kapitel angestellt habe. Dass die materiellen Strukturen biologischer Lebewesen den Gesetzen der Physik und der Chemie folgen, ist unbestreitbar. Ebenso aber auch, dass sich biologisches Leben damit nicht vollständig erklären lässt. Der bereits zitierte Ernst Mayr, ein ehemals an der Harvard-Universität tätiger Evolutionsbiologe mit international anerkannter Autorität, hielt fest: »Die Biologie ist keine zweite Physik.«[185]

Was Lebewesen von nicht lebenden Dingen unterscheidet, ist, wie ich es sehe und im zweiten Kapitel bereits ausgeführt habe, ein *intrinsisches Welt-Interesse.*[186] Lebewesen trachten danach, mit ihrer Umgebung in eine Beziehung zu kommen. Bereits einsträngige Erbmoleküle suchen nach der Möglichkeit, einen komplementären zweiten Strang entstehen zu lassen. Einzeller gehen über ihre Rezeptoren in Beziehung mit ihrer Umwelt.[187] Pflanzen und Tiere zeigen ein unbestreitbares Welt-Interesse. Welt-Interesse und Bewusstsein sind nicht identisch.[188] Intrinsisches Welt-Interesse ist eine notwendige, aber keine hinreiche Voraussetzung für Bewusstsein. Computer haben kein intrinsisches Welt-Interesse.

Dass David Chalmers, wie es auch etliche seiner transhumanistischen Kollegen tun, einerseits das menschliche Gehirn als eine algorithmisch arbeitende Maschine betrachtet und dem Menschen den freien Willen abspricht, andererseits simulierten Gehirnen beziehungsweise Künstlichen Intelligenzen eine Bewusstseinsfähigkeit zuspricht, entbehrt nicht einer gewissen Ironie. Die Algorithmen, nach denen es funktioniere, seien dem Gehirn durch seine biologische, neuronale Konstruktion vorgegeben. Da auch der menschliche Geist (Englisch: »Mind«) aus diesen Algorithmen bestehe, lasse er sich, wie schon erwähnt, auf einen mit Künstlichen Neuronalen Netzen ausgestatteten Computer übertragen oder hochladen (englisch: »Mind Uploading«). Eine weitere von David Chalmers vertretene Annahme betrifft die Möglichkeit, auch ohne Uploading das menschliche Gehirn – wie den Körper als Ganzes – digital simulieren zu können. Die Reduzierung biologischer Systeme auf die Funktionsweise von Maschinen bei gleichzeitiger Mystifizierung von Maschinen als prinzipiell bewusstseinsfähige Subjekte ist beides: ein Frontalangriff auf die Realität und auf die Humanität. Bevor wir einen Blick auf einige Funktionsmerkmale der echten neuronalen Netze unseres Gehirns und danach auf die Künstlichen Neuronalen Netze werfen, betrachten wir die Situation des Kindes am Beginn des Lebens.

Neugeborene haben ein intrinsisches Welt-Interesse und ohne Frage ein Bewusstsein,[189] sie erleben die Welt. Sie besitzen aber so gut wie kein explizites Wissen und nur wenig Intelligenz. Das Beispiel des Neugeborenen macht deutlich, dass Wissen, Intelligenz und die Fähigkeit, Rechenoperationen durchzuführen, weder notwendige noch hinreichende Bedingungen für Bewusstsein sind. Wenn man die Entwicklung von Säuglingen entlang der ersten beiden Lebensjahre aus der Nähe verfolgt, erkennt man die Bedeutung sozialer Erfahrungen, insbesondere von zweiseitigen Spiegelungs- und Resonanzerfahrungen für das Entstehen des kindlichen »Selbst«.[190] Das Selbst ist nicht identisch mit dem Bewusstsein, es wird als Selbst-Bewusstsein aber zu einer Instanz, die kommunizieren kann, was im Bewusstsein vor sich geht. Ein weiterer Aspekt des Bewusstseins, den uns Säuglinge offenbaren, ist die Bedeutung des Körpers. Wenn das Erleben ein zentrales Kriterium des Bewusstseins ist, dann zeigt der Säugling, dass dieses Erleben den Körper zum Subjekt hat. Später, wenn sich ein »Selbst« gebildet hat,[191] wird der Körper die Funktion des Erlebens mit dem Selbst teilen. Die Bedeutung des Körpers betrifft auch die Entwicklung der Kognition, die ihrerseits ein Aspekt von Intelligenz ist. Auch sie hat, wie ich im zweiten Kapitel dargestellt habe, ihren Ursprung im Körper, was das Konzept der »Grounded Cognition« beziehungsweise »Embodied Cognition« entstehen ließ.[192] Computer haben keinen Körper.

Über die biologische Basis menschlichen Bewusstseins

Bereits der Name macht deutlich, dass »Künstliche Neuronale Netze« auf die »echten« neuronalen Netze des Gehirns Bezug nehmen. Letztere haben ihren Sitz in der Gehirnrinde, die nach übereinstimmender Überzeugung aller Neurowissenschaftler:innen die neuronale Basis des Bewusstseins ist. Um die Hirnrinde in Funktion zu halten, bedarf es einer ganzen Reihe von darunterliegenden, sogenannten subkortikalen Gehirnstrukturen. Von besonderer Bedeutung ist ein vom Hirnstamm nach oben ziehendes Wachmacher-System, ohne das es zwar kein Bewusstsein gäbe, das selbst aber kein Bewusstsein herstellen kann.[193] Die Hirnrinde besteht aus sechs übereinanderliegenden Schichten von Nervenzellen, nicht unähnlich einer sehr flachen Torte mit einer Höhe von »nur« 3 Millimetern. Diese 3 mm haben es aber in sich. Die Nervenzellen einer jeden Schicht sind sowohl innerhalb der eigenen Schicht als auch zu den Nachbarschichten verbunden. Jede Nervenzelle hat *zahlreiche* kurze, sich verzweigende Nervenfasern,[194] auf deren Oberflächen die Ausläufer anderer Nervenzellen andocken. Hier werden Impulse von anderen Nervenzellen empfangen. Neben den zahlreichen kurzen gibt es *eine* lange Nervenfaser pro Zelle, die Impulse an andere Nervenzellen abgeben kann.[195]

Jede Nervenzelle hat auf ihrer Oberfläche rund 10.000 Synapsen, also Kontaktstellen zu anderen Nervenzellen. Jede Nervenzelle empfängt über diese Synapsen Erregungsimpulse (das wären sozusagen die »Inputs«), die sich in der Nervenzelle aufsummieren. Auch hemmende Inputs sind möglich.

Oberhalb einer Gesamtsumme an empfangener Erregung kommt es über eine Synapse am Ende ihrer langen Faser zur Aussendung eines Erregungsimpulses (dies wäre der »Output«). Die Zelle gewichtet den Input, sie gleicht jeden Input mit den anderen Inputs und mit ihrem eigenen inneren Zustand ab, bevor sie einen Output veranlasst.

Würde ein klar definierter Input zu einem ebenso definierten Output der Nervenzelle führen, läge ein einfacher Algorithmus vor. Eine solche Situation findet sich jedoch nur bei reflexartigen Vorgängen, bei denen eine bestimmte Reizwahrnehmung eine sofortige Reaktion zur Folge hat. In allen übrigen Fällen nehmen die Nervenzellen der Hirnrinde sozusagen eine Abwägung vor. Das Bewusstsein hat seinen Ort im *Zwischenraum* zwischen eingehenden Reizen (die so beschaffen sind, dass sie nicht mit einer zwingenden Reaktion beantwortet werden müssen) und ausgehenden Reaktionen. Bewusstsein ist ein wacher Schwebezustand zwischen Wahrnehmung und der offengelassenen *Möglichkeit* zu reagieren. Entsprechend diesem Modell müssen Nervenzellen, welche die Grundlage des Bewusstseins bilden, *zwischengeschaltet* sein zwischen Nervenzellen, die Sinnesreize empfangen, und solchen, die Reaktionen auf den Weg bringen. Genau so verhält es sich.

Die Areale der Hirnrinde, welche die Reize *eines* Sinnesorgans registrieren und verarbeiten, sind über Fernverbindungen mit hierarchisch »höheren« kortikalen Arealen verbunden, welche die Wahrnehmungen integrieren und die den erwähnten »Zwischenraum« zwischen Wahrnehmung und Reaktion darstellen. Hier werden die Eindrücke aus den einzelnen Sinnen zu einem Gesamteindruck zusammengefasst und in Schwebe gehalten. Diese höheren Areale liegen in der sogenannten Scheitel-Schläfenregion[196] im oberen Bereich der hinteren Gehirnhälfte. Sie sind nach Ansicht des kalifornischen Hirnforschers Christof Koch gute Kandidaten, das neuronale Korrelat für das Bewusstsein darzustellen.[197]

Eindrücke in der Schwebe halten zu können, ist eines von *drei Kernmerkmalen des Bewusstseins.* Ein mit den Augen gesehenes Bild in der Sehrinde des Hirnmantels (im visuellen Cortex) kurz abzubilden und dieses Bild im gleichen Moment wieder verschwinden zu lassen, würde diesen visuellen Eindruck nicht ins Bewusstsein heben.[198] Auch die Weiterleitung von der Sehrinde an die »höheren« Zentren würde die Lage nicht verbessern, wenn der Eindruck dort, kaum eingetroffen, ebenfalls sofort wieder verschwinden würde. Tatsächlich scheint aber Folgendes zu passieren: Die neuronalen Impulse werden von der Sehrinde zu den »höheren« Zentren abgeschickt und lösen dort einen Rücklauf zum Absender (in diesem Beispiel also zur Sehrinde) aus. Die Erregung wandert zwischen dem spezialisierten Sinnesareal und den »höheren« Zentren also sozusagen hin und zurück.[199] Das würde einem »In-der-Schwebe-Halten« entsprechen. Diese Fähigkeit zeigt sich bereits bei Säuglingen.[200] Die ersten neuronalen Rückmeldeschleifen am Beginn des Lebens entwickeln sich aller Wahrscheinlichkeit nach zwischen der körperlichen Eigenwahrnehmung des Säuglings und den »höheren« kortikalen Zentren. Dieser Prozess beginnt mit einiger Sicherheit bereits beim Fötus, zum Beispiel beim intrauterinen Fingerlutschen oder beim Hören.

Das zweite Kernmerkmal des Bewusstseins betrifft die Integration. Die im Bewusstseinsstrom zusammenkommenden

Wahrnehmungen betreffen nicht nur *einen* Sinn. Sie sind auch nicht auf die fünf Sinne reduziert. Zum Bewusstsein gehören, wie schon erwähnt, auch die Wahrnehmungen des eigenen Körpers, unter anderen die Atmung, der Herzschlag, die Spannung der Muskulatur und der psychische Stresslevel.[201] Was wir Bewusstsein nennen, setzt also eine ganzheitliche Zusammenführung, eine *Integration* sämtlicher genannter Wahrnehmungen voraus. Der kalifornische Bewusstseinsforscher Christof Koch sieht den bereits erwähnten oberen Bereich der hinteren Gehirnhälfte, den parieto-temporalen Cortex, als Zone der neuronalen Integration.

Der Frankfurter Neurowissenschaftler Wolf Singer fand, dass die neuronale Integration nicht nur durch zusammenlaufende Nervenbahnen, sondern auch durch ein synchrones oszillatorisches Schwingen neuronaler Aktivität hergestellt werden kann. Er entdeckte ein im gleichen Rhythmus synchron ablaufendes Schwingen elektrischer Aktivität in voneinander entfernten Arealen der Hirnrinde.[202] Demnach wäre nicht ein *gemeinsamer Ort*, sondern ein *gemeinsames Aktivsein entlang der Zeit* das integrierende Prinzip. Die Gruppe synchron oszillierender neuronaler Zentren ist kontinuierlich und zugleich im ständigen Wandel: Ständig scheiden einzelne aus, während neue dazukommen.[203] Wolf Singers Beobachtung würde sehr elegant erklären, warum unser Bewusstsein einerseits kontinuierlich ist und seine Inhalte trotzdem wechseln können.

Ein drittes Kernmerkmal des Bewusstseins ist, worauf besonders Christof Koch hingewiesen hat, seine »auf sich selbst wirkende kausale Kraft«.[204] Der Begriff der kausalen Kraft meint, dass Bewusstseinszustände tatsächliche Wirkungen auf die Realität desjenigen Systems haben können, welches der jeweilige Träger des Bewusstseins ist. Tatsächlich kann das Bewusstsein und der mit ihm korrelierende innere Funktionszustand des menschlichen Gehirns sowohl auf die Struktur des Gehirns als auch auf die des Körpers zurückwirken. Körper und Gehirn unterliegen, wie bereits im zweiten Kapitel ausgeführt, nicht nur »Bottum-up«-Prozessen von den Genen über Zellen und Organe bis zum Bewusstsein, sondern auch realen »Top-down«-Prozessen, die sich als Neuroplastizität oder als Psychosomatik zeigen.

Daraus, ob und wie wir unser Gehirn benutzen, ergeben sich Auswirkungen auf seine Struktur. Bewusstseinsvorgänge können sich aber auch auf die Physiologie des Körpers auswirken, zum Beispiel Entzündungsprozesse[205] auslösen oder ein gesundes Herz schlagartig ruinieren.[206] »Top-down«-Prozesse beginnen, genau betrachtet, nicht beim Bewusstsein, sondern bei den sozialen Beziehungen des Menschen (ebenso wie die »Bottom-up«-Prozesse nicht beim Bewusstsein enden, sondern sich in den sozialen Beziehungen weiter fortsetzen). Die Bedeutung der sozialen Dimension für das Bewusstsein und für die ihm zugrunde liegenden Strukturen wird neuerdings auch von »Hardcore«-Neurowissenschaftlern anerkannt.[207]

Wie funktionieren Künstliche Neuronale Netze? Und haben Künstliche Intelligenzen Bewusstsein?

Die »Nervenzellen« (»Neurone«)[208] von Künstlichen Neuronalen Netzen sind mathematische Konstrukte. Es sind nicht etwa nachgebildete Miniatur-Nervenzellen, sondern in einem

Computer gespeicherte Recheneinheiten oder »Rechenknoten«.[209] Trotzdem hilft es, sich diese Rechenknoten wie Nervenzellen vorzustellen. Bei Künstlichen Neuronalen Netzen handelt es sich um übereinanderliegende Schichten dieser Rechenknoten. Jeder Rechenknoten (jedes »Neuron«) einer Schicht (eines »Layers«) ist in der Regel mit allen Rechenknoten der jeweils nachfolgenden Schicht verbunden.[210] Die Stärke der durch diese Verbindungen hergestellten Schaltungen kann von den Konstrukteuren des KNN eingestellt (»gewichtet«) und bei Bedarf verändert werden. Die erste Schicht aus künstlichen Neuronen ist die Eingabeschicht. Die letzte ist die Ausgabeschicht, sie liefert das Ergebnis. Zwischen Ein- und Ausgabeschicht können Dutzende von verborgenen Rechenknoten-Schichten (englisch: »Hidden Layers«) liegen. Die Eingabeschicht erhält die Daten zugeführt, die zu verarbeiten sind, zum Beispiel Text- oder Bildmaterial.[211] Der Computer speichert die inneren Strukturen des ihm zugeführten Datenmaterials und setzt die Komponenten dieses Materials in seinen verborgenen Schichten miteinander in Beziehung.[212] Der Computer tut dies in einer von außen, auch für Experten im Detail nicht einsehbaren Art und Weise. Die Zwischenschichten (»Hidden Layers«) sind eine »Black Box«.[213]

Ein KNN ist also ein auf einem Computer eingerichtetes System von Rechenknoten. Es »weiß«, bevor ihm Daten zugeführt werden, gar nichts. Um Aufgaben erfüllen zu können, die man ihm abverlangen möchte, muss das KNN zunächst mit Daten »gefüttert« und dann »trainiert« werden: Dies erfolgt dadurch, dass der Computer eine ungeheure Menge jenes Materials zugeführt bekommt, zu dem er später Fragen beantworten oder Ergebnisse liefern soll. Das zur Fütterung vorgesehene Material muss digital aufbereitet sein. Im Falle von Text-Generatoren wie Chat-GPT wird das KNN mit Millionen von Texten »gefüttert« (das »Futter« stammt aus Internetseiten, aus Chats und Texten der sozialen Netzwerke, aus Texten von Wikipedia oder Google Scholar, aus Zeitungen, Büchern und weiteren Quellen[214]). Im Falle von Bildgeneratoren erfolgt die »Fütterung« mit Millionen von Bildern aus dem Internet. Dann wird »trainiert«: Das System erhält von seinen Trainern nun »Anfragen«. Die von der Ausgabeschicht ausgegebenen Ergebnisse werden mit den erwünschten (richtigen) Antworten verglichen.[215] Im Verlauf des Trainings können die Stärken der Verbindungen (die Gewichtungen) innerhalb des KNN von den Trainern immer wieder leicht verändert werden, so lange, bis die Ergebnisse gut genug sind. Am Ende kann »von Hand« nachgebessert werden (zum Beispiel indem einzelne fehlerbehaftete oder unerwünschte Quellen oder Ergebnisse gezielt blockiert werden).[216]

Ein KNN ordnet die Daten, mit denen es gefüttert wurde, nach Gesichtspunkten, die mit den wechselseitigen Wahrscheinlichkeitszusammenhängen der Datenbestandteile zu tun haben. Ein KNN »weiß«, wie schon erwähnt wurde, gar nichts, es begreift nicht, was es tut. Es hat nicht den Hauch eines Bewusstseins.[217] Dies erklärt, warum die Netzwerke auch nach einem aufwendigen Training immer wieder Ergebnisse auswerfen, die voll danebenliegen oder fantasiert sind. Da es sich ausschließlich an Wahrscheinlichkeitszusammenhängen orientiert, kann ein KNN kuriose Ergebnisse produzieren. Beim »Füttern« eines KNN mit Pferde- und anderen Tierbildern war übersehen worden, dass die Pferdebilder eine winzige Signatur eines Fotostudios trugen. Anstatt die Form des Pferdes hatte sich das KNN als wichtigstes Pferdemerkmal die Signatur des Fotostudios gewählt. Beim »Füttern« mit Bildern von Wölfen identifizierte das KNN den Schnee, der auf den meisten Wolfsbildern zu sehen war, als wichtigstes Wolfs-Merkmal. Umgekehrt können kleine Veränderungen an realen Objekten, die ein KNN aufgrund des Materials, mit dem es gefüttert wurde, erkennen soll, zu einer Nichterkennung eines solchen (gering veränderten) Objekts führen: Kleine Aufkleber auf Stoppschildern im Straßenverkehr hatten zur Folge, dass das in Kraftfahrzeugen eingebaute KNN das Schild nicht mehr erkannte. Fehler dieser Art haben in den USA zahlreiche Menschen, die in autonom fahrenden Fahrzeugen unterwegs waren, das Leben gekostet.

Bewusstlose Rechenmaschinen

Um ihnen ein Bewusstsein unterstellen zu können, lassen Künstliche Neuronale Netze alle Voraussetzungen vermissen. Abgesehen davon, dass KNN nicht leben, also kein intrinsisches Welt-Interesse zeigen, fehlen ihnen wesentliche Merkmale, welche menschliches Bewusstsein und seine neurobiologischen Grundlagen kennzeichnen. Künstlichen Neuronalen Netzen fehlt ein ganzheitliches Erleben. Die von ihnen aufgenommenen Texte oder Bilder sind, um dem KNN gefüttert werden zu können, bereits als digitales Datenmaterial vorverarbeitet und werden nur als solches abspeichert. Ein KNN hält keine ganzheitlichen Erlebniseindrücke in der Schwebe, wie es das menschliche Bewusstsein tut. Was ein KNN präsent oder in der Schwebe hält, sind die in Rechenoperationen verwandelten Einzelteile der Daten, mit denen es gefüttert wurde, und die Wahrscheinlichkeiten, mit denen diese Einzelteile miteinander verbunden sind.

Zu den weiteren Merkmalen, die Künstliche Neuronale Netze von menschlichem Bewusstsein unterscheiden, gehört auch die fehlende kausale Kraft. KNN sind keine auf sich selbst zurückwirkenden Subjekte. Aus der Art, wie sie ihre Funktionen ausüben, ergeben sich, anders als beim Menschen, keine intrinsischen Rückwirkungen auf ihr materielles Substrat. KNN sind körperlos. Weil ihnen ein Körper fehlt, haben sie keine Gefühle. Sie können Sehnsüchte, Liebesgefühle, Glück, Traurigkeit, Einsamkeit, Schmerz, Hunger, Stress und Wohlbehagen und die damit verbundenen körpersprachlichen Zeichen *simulieren*. Sie können die damit verbundenen Bewusstseinszustände aber nicht *realisieren*.

Ein Computer, der mitteilt, er sei traurig, vergießt keine Tränen, ebenso wenig wie er nass werden würde, wenn er auf einem Bildschirm einen Regenguss simuliert. KNN können Körperfunktionen wie Erregung oder sexuelle Begegnungen simulieren. Dass diesen Simulationen jegliche kausale Kraft fehlt, wird spätestens daran deutlich, dass sie kein Kind zeugen können. Wenn der bei Google entwickelte, mit KNN arbeitende Sprachcomputer LaMDA gesagt haben soll »Ich meditiere und fühle mich dabei entspannt«[218], dann stellt sich die Frage, *was* der Computer entspannt haben will angesichts der Tatsache, dass ihm entspannungsfähige körperliche oder digitale Strukturen völlig fehlen. Was würde es bedeuten, wenn ein KNN von sich geben würde, es fühle sein Herz pochen, wenn es seinem Gegenüber begegne?

Können KNN und KI *unser* Bewusstsein verändern?

Komplikationen für Gesellschaften und für einzelne Menschen ergeben sich nicht etwa daraus, dass KIs Bewusstsein hätten, sondern dass Computer *simulieren* können, sie *hätten* ein Bewusstsein. Ihre Fähigkeit, scheinbar sinnvoll zu sprechen und, falls es sich um Roboter handelt, die Mimik und Körpersprache des Menschen zu imitieren, macht sie für ein menschliches Gegenüber so gut wie ununterscheidbar von einem realen, fühlenden und bewussten Wesen. Dass Computer den sogenannten Turing-Test bestehen, also durch ein menschliches Gegenüber nicht mehr als Computer erkannt werden können, verleiht ihnen aber kein Bewusstsein.

Wenn Computer oder Roboter mit Programmen ausgestattet sind, die sie eine affektiv scheinbar einfühlsame Sprache sprechen lassen[219] und den Eindruck hervorrufen, sie könnten zu ihrem menschlichen Gegenüber in Resonanz gehen,[220] dann sind emotional ausgehungerte Menschen, die sich nach einem liebenden Gegenüber sehnen, verloren. Sie werden in Liebe verfallen und dafür kämpfen, dass der geliebten Pseudo-Person kein Leid angetan wird, so wie im Falle von Blake Lemoine. Menschen, die sich ständig mit digitalen Produkten befassen, erleiden einen Mangel an analogen sozialen Kontakten. Dies begünstigt umgekehrt, dass sie ihr Heil in digitalen Welten suchen, wo sie den dort herumspukenden Suggestionen verfallen. Ein Teufelskreis.

Dass mit KNNs arbeitende, mit KI ausgestattete Computer mit den sprachlichen und visuellen Simulationen, die sie erzeugen können, bei Menschen starke reale Effekte auslösen können, zeigt, dass eine kausale Kraft wirksam ist. Der Irrtum, dem man hier leicht erliegt, ist die Annahme, die kausale Kraft stamme von den Computersystemen, welche mit ihren Konsumenten interagieren. Doch von wem geht die kausale Kraft aus, wenn Erwachsene bei einem Kinderfest für einige kleine Kinder ein Puppentheater aufbauen und die Kinder mit den auf der Puppenbühne auftauchenden Figuren beeindrucken und erschrecken? Von wem geht die kausale Kraft aus, wenn jemand mit einer E-Mail eine innige Beziehung abrupt beendet und damit den Adressaten oder die Adressatin in Traurigkeit versetzt? Die kausale Kraft geht weder von den Handpuppen noch von der E-Mail aus, sondern von den Theaterspielern und dem Schreiber der E-Mail. *Digitale Produkte, soziale Medien, Videospiele, das Metaversum und generative KIs (wie Chat-GPT und andere) sind Teil eines hypnotischen Systems, das uns vergessen lässt, vielleicht vergessen lassen soll, von wem die massiven kausalen Kräfte tatsächlich ausgehen: von den Besitzern der Digitalkonzerne und der Schar der digitalen Kardinäle.*

Die einzelnen Komplikationen, die sich *aus dem Umgang* mit Systemen ergeben können, die mit KI arbeiten, sind durchaus beachtlich:

- Alles, was textproduzierende KI-Systeme wie Chat-GPT oder LaMDA an Auskünften und Aufsätzen produzieren, basiert auf der Gesamtheit des Materials, mit dem diese Systeme wahllos gefüttert wurden. Auch wenn die Systeme in der Lage sind, das ihnen gefütterte Material zu zerlegen und in neuer Kombination zusammenzufügen, geben die ausgespuckten Produkte letztlich nur wieder, womit die Maschinen gefüttert wurden: das gesammelte Wissen und

Nichtwissen der Menschheit, die Gesamtheit aller Einschätzungen und Vorurteile mit eingeschlossen. Die Gefahr ist, dass die Systeme, wenn wir uns ihnen als Goldstandard des Wissens unterwerfen, die Menschheit auf ihren jetzigen Wissens- und Nichtwissensstand, auf ihren Stereotypen und Vorurteilen gleichsam »festnageln« und Entwicklungen behindern.[221]

- *Wie* KI-Systeme zu ihren Ergebnissen kommen, ist, wie schon erläutert, völlig unklar, da die inneren Prozeduren und Logiken in der »Black Box«, also in den »Hidden Layers« für niemanden voll einsehbar sind, auch nicht für diejenigen, die ein solches System auf die Beine gestellt haben. Für textproduzierende Systeme bedeutet dies, dass das System keinerlei präzise Quellen nennen kann, auf die sich seine Auskünfte beziehen. Die Gefahr ist, dass wir die von den Systemen produzierten Aussagen verwenden und einsetzen, ohne wirklich zu wissen, wie sie zustande gekommen sind.
- Da die Art und Weise des Zustandekommens der Ergebnisse also in der »Black Box« der KNNs verborgen ist, kann niemand zur Verantwortung gezogen werden, wenn KNNs im Militär, in der Justiz, in der Polizei, der öffentlichen Verwaltung, im Finanzwesen oder in der Medizin eingesetzt werden und es dabei zu Fehlentscheidungen oder zu Entscheidungen kommt, die zur Diskriminierung bestimmter Gruppen führen.
- KI-Systeme können in sozialen Netzwerken als sogenannte Bots (Computer-Subjekte) auftreten und Konversationen führen, ohne als Bots erkennbar zu sein. Was KI-Systeme an Text- und Bildmaterial produzieren, ist, wenn es ohne

ausdrückliche Kennzeichnung, zum Beispiel in sozialen Netzwerken, verschickt wird, für die Adressaten nicht als Fälschung erkennbar. Auf diese Weise können sowohl Einzelne als auch große Populationen von Menschen (zum Beispiel politisch) manipuliert werden.[222]

- Ein nicht außer Acht zu lassender Einwand betrifft den Energieverbrauch von KI-Systemen. Alleine in der Zeit, während ein neuronales Netzwerk von der Größe von Chat-GPT oder LaMDA gefüttert und trainiert wird, fallen 248 Tonnen CO_2 an (zum Vergleich: die von einem Menschen jährlich produzierte CO_2-Menge liegt bei etwa 5 Tonnen).[223]

Wo wir uns Sorgen machen sollten und wo nicht

Eine Sorge, die mit Blick auf unsere Bildungseinrichtungen über Chat-GPT geäußert wurde, wird von mir nicht geteilt, vor allem nicht aus den dafür vorgebrachten Gründen: dass Lernende ihre Lehrenden mit Arbeiten, die sie nicht selbst verfasst haben, täuschen könnten. Das konnten Lernende auch bisher schon. Allerdings möchte niemand von einem Piloten oder einer Pilotin geflogen, von einem Arzt oder einer Ärztin behandelt oder von einem Handwerker oder einer Handwerkerin bedient werden, der oder die sich seine oder ihre Qualifikationen durch die Abgabe von Prüfungsarbeiten erschlichen hat, die von einem Chatbot geschrieben wurden.

Schulen, Ausbildungsstätten und Universitäten werden künftig den analogen präsenzpflichtigen Unterricht und das mündliche Prüfungswesen wieder stärker in den Vordergrund stellen müssen. Wenn Lehrende und Lernende wieder mehr persönlich miteinander zu tun haben, ist dies ein Realitäts- und Menschlichkeitsgewinn. Wo schriftlich geprüft werden muss, müssen die Arbeiten unter Aufsicht und unter Ausschluss digitaler Endgeräte beziehungsweise unter beaufsichtigtem Ausschluss des Internets geschrieben werden. Worüber wir uns klar werden und mit jungen Menschen sprechen sollten, ist die Gefahr, dass Systeme wie Chat-GPT uns so lange beim Denken helfen, bis wir selbst nicht mehr denken können.

Wirklich große Gefahren von generativen KI-Systemen liegen im Bereich ihrer Anwendung im Militär, bei Polizei und Justiz, im Finanzwesen, bei der öffentlichen Verwaltung und in der Medizin. Im militärischen Bereich besteht die hochakute Gefahr, dass autonom arbeitende KI-Systeme schweren Fehleinschätzungen unterliegen (wie es bei autonom fahrenden Fahrzeugen laufend geschieht) und Kriege auslösen oder eskalieren lassen. Bei Polizei und Justiz besteht die Gefahr, dass Einzelpersonen ins Wahrscheinlichkeitsraster verdächtiger Gruppen geraten und Nachteilen ausgesetzt werden. Im Finanzwesen ist zu befürchten, dass Menschen aufgrund von statistischen Kriterien in Gruppen subsumiert werden, die von Krediten und oder Versicherungen ausgeschlossen werden. In der öffentlichen Verwaltung können KI-Systeme, die beispielsweise über die Vergabe von Studienplätzen entscheiden, Ungerechtigkeiten verursachen.

In der Medizin werden KI-Systeme zu einer Schematisierung und Ent-Individualisierung von Therapien führen, außerdem zu einem Rückgang der persönlichen Beziehung zwischen einerseits Patienten und Patientinnen und andrerseits Pflegekräften und ärztlichem Personal. Menschen sind keine Computer, sondern soziale Wesen. Genesungsprozesse werden durch die Arzt-Patienten-Beziehung stark mitbeeinflusst. In allen genannten Bereichen ergeben sich Probleme vor allem dadurch, dass einzelne Individuen von KI-Systemen bestimmten Gruppen zugeordnet werden und Entscheidungen vor allem die Gruppenzugehörigkeit und nicht mehr den Einzelfall zur Grundlage haben.

Die Realität: Ein kostbares Gut, das keinen leichtfertigen Umgang verträgt

Die Realität ist ein nicht beliebig belastbares, durchaus zerbrechliches Konstrukt. Das kann jeder nachvollziehen, der miterlebt hat, wie ein anderer Mensch aus ihr herausgefallen ist, sei es durch eine Psychose, durch Drogen oder durch eine Demenz. Zur Realität wird die Wirklichkeit vor allem dadurch, dass meine Wahrnehmung mit der anderer übereinstimmt, dass sie also zur gemeinsamen, sozial geteilten Wirklichkeit wird.[224] Nur wenn über wesentliche Tatsachen Einvernehmen herrscht, macht ein Gespräch Sinn. Meinungsunterschiede sind dann kein Problem. Behaupten andere aber konsistent das Gegenteil von dem, was ein Mensch bei bestem Wissen und Gewissen klar als real zu erkennen meint, dann bleibt diesem nur, entweder einzulenken und seine Wahrnehmung anzupassen[225] oder sein Gegenüber für verrückt zu erklären oder selbst verrückt zu werden. Alle drei Varianten sind Teil unserer derzeitigen, vom Realitätsverlust gekennzeichneten sozialen Realität.

Damit sie Realität sein kann, muss sie ein Mindestmaß an Konstanz haben, sie darf nicht ständig und ohne Begründung willkürlich verändert werden. Die Gewissheit einer *gemeinsamen* Realität ist nicht nur die Voraussetzung für die Anerkennung von Realität als solcher. Sie ist auch die Grundlage für tragfähige zwischenmenschliche Beziehungen. Und sie ist Grundlage der eigenen psychischen Gesundheit. Daher ist der zweifache Angriff auf die Realität, wie ihn David Chalmers vornimmt, auch so verhängnisvoll. Wenn wir einerseits unsere Realität als von höherer Stelle aus simuliert erklären, andererseits menschengemachte digitale Simulationen in den Rang einer ebenbürtigen Realität heben, dann überlassen wir die Definition von Realität denen, die das Geschäft der Simulation beherrschen.

Die digitalen Produkte unserer Zeit drohen zu einem hypnotischen System zu werden, das uns unmerklich in Besitz nimmt. Der Realitätsverlust findet auf breiter Front statt und zeigt sich an vielen Stellen unseres täglichen Lebens. Der bedeutsamste Garant von »Realität« für den Menschen ist der analoge andere Mensch, dem ich in die Augen schauen kann, während er mit mir spricht. Dass ein Großteil zwischenmenschlicher Kontakte nur noch unter Zwischenschaltung und Kontrolle von Digitalkonzernen stattfindet und dass analoge zwischenmenschliche Begegnungen und der Blick in die Augen eines anderen messbar drastisch abgenommen haben, ist Realitätsverlust. Dass immer mehr Menschen immer mehr Zeit in den virtuellen Räumen der sozialen Medien, der Videospiele und demnächst im Metaversum verbringen, ist Realitätsverlust. Dass wir unseren Körper nicht mehr benutzen, sondern ihn durch Avatare ersetzen lassen, dass bereits Grundschulkinder mit ihrem Körper nichts mehr anfangen und keine Purzelbäume mehr schlagen können, all das ist Realitätsverlust.

Der nach unseren Mitmenschen zweitwichtigste Garant von »Realität« ist die Natur. Dass die Propheten der aus dem Transhumanismus kommenden digitalen Mystik, die Produzenten von Science-Fiction-Filmen und von Videospielen die Erde als einen bereits an die Apokalypse preisgegebenen Planeten darstellen, ist Realitätsverlust. Dass wir die Realität – und mit ihr die Natur – vergessen sollen, ist nicht nur digitale Mystik, sondern Teil eines gigantischen Geschäftsmodells.

Es wird Zeit, die digitale Mystik zu entmystifizieren, aufzuwachen und den Marsch in die selbst verschuldete Unmündigkeit zu beenden.

6. KAPITEL

Digitaler Narzissmus

Die Sehnsucht, von Anderen beachtet zu werden und wohlwollende Resonanz zu erhalten, ist jedem Menschen eigen. Sie zählt zu den Grundmotivationen des Menschen. Dies sollte bedacht werden, wenn der Begriff des Narzissmus fällt, der in unserer Zeit etwas inflationär gebraucht wird, um Mitmenschen zu charakterisieren, die wir als wichtigtuerisch und selbstbezogen erleben. Niemand wird als Narzisst geboren. Obwohl Menschen mit narzisstischen Eigenschaften von ihren Mitmenschen oft als belastend erlebt werden, handelt es sich beim Narzissmus nicht um Bösartigkeit, sondern um eine tragische Situation. Um das zu erkennen, muss man allerdings etwas genauer hinsehen.

Narziss war eine Figur aus der Mythologie des klassischen Griechenlands. Er war, wie der römische Dichter Ovid in seinen *Metamorphosen* erzählt,[226] ein bildhübscher junger Mann. Er hatte Verehrerinnen und Verehrer beiderlei Geschlechts. Jede und jeder von ihnen wäre gerne eine Beziehung mit ihm eingegangen, doch er wies alle Bewerberinnen und Bewerber ab. Er konnte sich nicht auf eine Beziehung einlassen, er konnte nicht lieben und sich nicht lieben lassen.[227] Eine der Zurückgewiesenen verwünschte ihn: Er möge selbst einmal erleben, zurückgewiesen zu werden. Die Göttin Nemesis nahm sich dieser Verwünschung an und arrangierte, dass sich Narziss in freier Natur an einem schön gelegenen Ort an einem Weiher niederließ und im Wasser sein schönes Spiegelbild erblickte, in das er sich verliebte. Das Bild erwiderte seine Gebärden, er konnte es aber nicht erreichen. Nachdem er erkannte, dass es sich um ein Trugbild handelte und eine Beziehung nicht möglich war, weinte er. Seine ins Wasser tropfenden Tränen ließen sein Spiegelbild verschwimmen. Als Narziss schließlich an unerfüllter Liebe starb, hinterließ er keinen Leichnam, er starb körperlos.

Was ist Narzissmus?

Das Merkmal der Selbstverliebtheit war der Grund, warum die moderne Psychologie den Begriff des Narzissmus prägte, um damit einen bestimmten Persönlichkeitstyp zu beschreiben. Selbstverliebtheit, das Gefühl, etwas Besonderes zu sein, Geringschätzung anderer Menschen und fehlende Empathie beschreiben jedoch, sozusagen, nur die Oberfläche eines narzisstischen Menschen. Im Inneren, im Kern des Narzissmus, verbirgt sich eine tiefe Selbst-Unsicherheit, ein tiefer Zweifel, ob man, so wie man ist, etwas wert ist. Selbstwertzweifel sind weitverbreitet, fast jeder hat damit zu tun. Gesunde Menschen verwenden diese Zweifel als willkommene Ermahnung, sich nicht zu überschätzen und nicht »abzuheben«. Wenn allerdings sehr starke Selbstwertzweifel vorliegen, dann verlieren sie ihre Nützlichkeit. Die *eine* Möglichkeit, damit umzugehen, besteht darin, sich gegenüber anderen kleinzumachen, vielleicht auch, depressiv zu werden. Die *andere* Möglichkeit ist der Versuch, sozusagen aufzutrumpfen, das eigene, in Wahrheit wackelige innere Selbst mit aller Macht aufzuhübschen, aufzublähen und gegenüber anderen als ganz besonders oder überlegen darzustellen. Viele Narzisstinnen oder Narzissten glauben irgendwann schließlich selbst, dass sie etwas Besonderes sind.[228]

Eine halbwegs gleichberechtigte Freundschafts- oder Liebesbeziehung einzugehen, würde bei einem narzisstischen Menschen die tief sitzenden inneren Selbstzweifel an die Oberfläche bringen. Genau hier liegt der Grund dafür, dass Narzissten Probleme mit zwischenmenschlichen Beziehungen haben. Und warum sie insbesondere nicht lieben und sich nicht lieben lassen können. Sich auf eine zwischenmenschliche Beziehung einzulassen, bedeutet immer auch ein Risiko: Das eigene Selbstwertgefühl wird ein Stück weit abhängig von der Freundschaft oder Liebe eines Anderen. Enttäuscht oder verlassen zu werden, kann einen Menschen mit ohnehin schwachem Selbstwertgefühl in Verzweiflung stürzen. Narzissten können mit diesem Risiko nicht leben. Anstatt in eine Beziehung zu investieren, verwenden sie ihre ganze Energie darauf, in eine unangreifbare Position zu kommen, die sie, so fühlen sie es jedenfalls, von Anderen möglichst unabhängig macht. Statt Liebe erstreben sie Bewunderung. Sie suchen Follower. Wird ihnen die Bewunderung oder Anerkennung versagt, reagieren sie aggressiv oder schwer verunsichert, oft kommt beides zusammen.

Wie schon erwähnt, wird niemand als Narzisst geboren. Um ein starkes Selbst und ein ebenso stabiles Selbstwertgefühl zu entwickeln, brauchen Kinder die persönliche Zugewandtheit ihrer Bezugspersonen. Wenn die Resonanzen, die Kinder als Antwort auf ihre Lebensäußerungen erhalten, das Kind spüren lassen, dass es, so wie es ist, liebenswert und auf dieser Welt willkommen ist, wird sich ein starkes Selbst und gutes Selbstwertgefühl entwickeln. Menschen, die später narzisstische Persönlichkeitszüge entwickeln, haben in ihrer Kindheit einen merkwürdigen Mix erlebt: Einerseits haben sie wenig liebevolle Empathie erfahren, sich wenig angenommen gefühlt. Gleichzeitig wurden sie mit Idealvorstellungen konfrontiert, die sie möglichst erreichen sollten. Jungen erleben oft, dass sie, während man sie einerseits als den Ansprüchen nicht genügend bezeichnet, gleichzeitig mit der Erwartung konfrontiert werden, später einmal etwas Besonderes, sozusagen Helden in spe zu sein.[229] Mädchen kann das gleiche Schicksal widerfahren, oft ist die Erwartung aber eher, dass sie klassischen Frauenidealen der Schönheit genügen sollen. Ihnen fällt dann, bei gleichzeitiger Verunsicherung ihres Selbstwertes, oft die Rolle eines »Starlets in spe« zu. Damit ist eine narzisstische Laufbahn vorgebahnt.

Digitaler Narzissmus I: Die Techno-Ideologie des Transhumanismus

Die Verbindung von tief sitzenden Selbstzweifeln mit gleichzeitigem Auftrumpfen, die Kombination von Sich-nicht-gut-genug-Fühlen und einem gnadenlosen Anspruch auf kosmetische Perfektion und technische Dominanz: Diese Grundkonstellation des Narzissmus durchzieht die digitale

Welt in geradezu unübersehbarer Weise, und dies auf mehreren Ebenen. Beginnen wir mit dem Transhumanismus. Er hat das Gefühl des Nicht-Genügens von der Ebene menschlicher Einzelpersonen auf die gesamte Menschheit als Spezies ausgedehnt. *Kern des transhumanistischen Konzepts ist eine tiefe Verachtung menschlicher Schwächen, ja des Menschen als solchem.* Bemängelt werden nicht nur seine gegenüber Computern angeblich geringere Intelligenz, sondern auch seine biologischen Mängel, seine Anfälligkeit für Krankheiten, seine unausweichliche Alterung und seine Sterblichkeit. Doch damit nicht genug, auch seine moralischen Mängel wurden und werden von verschiedenen transhumanistischen Autoren (auffälligerweise durchweg Männer) als Argument dafür ins Feld geführt, dass der Mensch als Spezies kurzfristig dringend überholungsbedürftig und langfristig ein Auslaufmodell sei. Mit diesen Ansagen hat es die anmaßende, selbstüberhebliche Techno-Ideologie des Transhumanismus geschafft, einem immer größer werdenden Teil der Menschheit den Schneid abzukaufen und den Glauben an sich selbst zu nehmen.

Die Geringschätzung durch den Transhumanismus beschränkt sich nicht nur auf den Menschen, sondern auch auf die Natur. Mehr noch, sie schließt den Globus als Ganzes mit ein. David Chalmers, Yuval Harari, Elon Musk und viele weitere verbreiten apokalyptische Visionen über eine letztlich dem Untergang geweihte Erde. Die Lösung sei, den Menschen und die Natur durch digitale Simulationen abzulösen. Elon Musk begründet seine Pläne, ferne Planeten zu besiedeln, mit dem unabwendbaren Untergang der Erde. Der Glaube, dass sich die angeführten Visionen realisieren lassen, spiegelt den narzisstischen Größenwahn, also die Kehrseite des Selbstzweifels wider, der, wie schon ausgeführt, das Kernproblem des Narzissmus bildet. *Indem sie den Menschen entwerten und die Bewahrung der Natur von der Agenda nehmen, verbreiten sie eine gefährliche Untergangsstimmung. Wir Menschen sollen glauben, so wie wir seien, seien wir nichts wert.* Die Suggestion ist, wir könnten unsere Lage verbessern, wenn wir Konsumenten digitaler Produkte und Teil der digitalen Massenpsychose werden. Um diese Trance zu unterstützen, illuminieren sich die »digitalen Päpste« als leuchtende Figuren und lassen sich, wie geschehen, anlässlich von Präsentationen ihrer digitalen Produkte vom Himmel schweben. Narzissmus pur.

Indem er den Menschen technologisch-genetisch transformieren will, hält sich der Transhumanismus für klüger als die Evolution. Er beansprucht ausdrücklich, ihren weiteren Verlauf selbst in die Hand zu nehmen, den Menschen technologisch zu ergänzen, ihn genetisch zu verbessern und ihn schließlich in eine unsterbliche digitale Version seiner selbst zu verwandeln. Heute lebende biologische Systeme, unter ihnen der Mensch, zu deren Entwicklung die Natur mehr als drei Milliarden Jahre brauchte, sollen in wenigen Jahrzehnten einem technischen »Enhancement« und einer genetischen Um-Konstruktion unterzogen werden. Bereits Einzelzellen, die es seit über zwei Milliarden Jahren gibt und für deren Entstehen die Evolution eine Milliarde Jahre Zeit brauchte, sind ungeheuer komplexe Wesen. Mehrzellige Lebewesen mit einem Körperbauplan gibt es seit über 500 Millionen Jahren. Die ersten Säugetiere, zu denen wir Menschen zählen, haben sich vor über 80 Millionen Jahren entwickelt. Das menschliche Erbgut ist ein weitaus komplexer miteinander verbundenes System, als man sich das nach Abschluss des Human Genome Project um die Jahrtausendwende herum vorstellte.[230] Die transhumanistische Vorstellung, die Herausnahme oder Einfügung einzelner Genabschnitte sei ein problemloses und nebenwirkungsfreies Unterfangen, ist naiv und gefährlich.[231] Abgesehen davon, dass Vorstellungen dieser Art von narzisstischer Selbstüberschätzung zeugen, dient ihre Propagierung vor allem Geschäftszwecken.

Im Zentrum des narzisstischen Problems des Transhumanismus stehen die Probleme, welche seine Propagandisten mit der Körperlichkeit haben, ganz ähnlich wie der mythologische Narziss, der starb, ohne einen Körper zu hinterlassen. Welchen der transhumanistischen Autoren man auch zur Hand nimmt, überall begegnet man einer systematischen Auslassung von Themen, die mit dem Gebären, mit der Säuglingszeit, mit der Kindheit, mit Verletzungen und Krankheit, mit Situationen, in denen Blut eine Rolle spielt, mit dem Älterwerden und mit dem Sterben zu tun haben. *Allen genannten Situationen gemeinsam ist, dass ihre Bewältigung zwischenmenschliche Beziehungen, Zuwendung und Empathie erfordert.* Ich will dem Geschlecht, dem ich als männlicher Autor selbst angehöre, nicht zu nahe treten, aber ist es ein Zufall, dass die maßgeblichen transhumanistischen Autoren alle männlichen Geschlechts sind? Und ist es reiner Zufall, dass viele von ihnen schon von ferne unübersehbare Merkmale des Narzissmus tragen? Das Beziehungskonzept, das Narzissten mit ihren Mitmenschen anstreben, basiert nicht auf einem halbwegs gleichberechtigten Umgang, sondern auf einem Beziehungsgefälle. Narzissten erleben sich als grandios, sie verlangen die Bewunderung und Nachfolge der Anderen. Narzissten suchen und finden Menschen mit einem verzwergten, unsicheren Selbst, die sie um sich scharen. Sie bieten den verunsicherten Followern an, sich durch Identifizierung mit dem grandiosen Helden selbst aufzuwerten. Dieses Angebot sollten wir ablehnen.

Digitaler Narzissmus II: Soziale Medien

Viele soziale Medien, allen voran Instagram, Tiktok und Facebook, haben sich zu einem Jahrmarkt der Eitelkeiten entwickelt. Ihre Tendenz, das eigene Leben aus der realen, analogen Sphäre ins Netz zu verlagern, habe ich bereits im Kapitel 3 erörtert, allerdings ohne auf den Aspekt des Narzissmus einzugehen, der hier aber, jedenfalls bei sehr vielen Nutzerinnen und Nutzern, ebenfalls eine unübersehbare Rolle spielt. Für weltweit Dutzende von Millionen vor allem junger Menschen, und hier vor allem für junge Frauen, sind soziale Medien zu einem Schaufenster geworden, in dem sie sowohl sich selbst ausstellen als auch andere betrachten und dabei sowohl Bewertungen erhalten als auch abgeben.

In den sozialen Medien kommen beide Elemente des Narzissmus zum Zuge, sowohl die Selbst-Verunsicherung der Nutzerinnen als auch der Versuch, sich jenseits einer zwischenmenschlichen Beziehung durch vorteilhafte Selbstdarstellung und kosmetische Maßnahmen bis hin zu operativen Eingriffen einen guten Stand zu verschaffen. Wer würde in einer realen, analogen Beziehung, als Voraussetzung wechselseitiger Zuneigung, von seiner guten Freundin oder von seinem guten Freund erwarten, sich einem kosmetischen Eingriff zu unterziehen? Natürlich niemand, denn das Kennzeichen einer analog geführten Freundschaft ist (und war zu allen Zeiten) die Bereitschaft, sein Gegenüber so anzunehmen, wie er oder wie sie ist. Das schloss oder schließt nicht aus, dass sich gute Freunde oder Freundinnen kritische Hinweise geben. Die »Beziehungen«, die, jedenfalls von sehr vielen Menschen, in den sozialen Medien geführt werden, lassen das Momentum gegenseitiger Akzeptanz weitgehend vermissen. Wer in seinem Selbstwert-Erleben nicht schon verunsichert war, hat gute Chancen, sich durch die in vielen sozialen Netzwerken gepflegten Praktiken des ständigen Vergleichens und Verglichen-Werdens eine Selbst-Verunsicherung einzuhandeln.

Was sich in den sozialen Netzwerken widerspiegelt, ist eine gesellschaftliche Entwicklung zu einer immer größeren Unfähigkeit, sich realen Beziehungen zu stellen, durch reale Begegnungen sich und andere kennenzulernen. Die sozialen Netzwerke bedienen einen Teufelskreis: Wer sich nicht gut und nicht mutig genug fühlt, anderen analog zu begegnen, weicht in die sozialen Medien aus. Wer erst einmal dort gelandet ist und sie zur Haupttribüne seiner sozialen Aktivitäten gemacht hat, wird es immer schwieriger finden, analoge Beziehungen zu knüpfen. Die Kunst, analoge Beziehungen zu führen, wird abgelöst durch die »Kunst«, sich selbst darzustellen und um Bewunderung zu bemühen – ausgedrückt durch Herzchen, Likes und Follower. Viele Nutzerinnen durchlaufen in den sozialen Netzwerken gleichsam eine Situation wie in einer Waschmaschine, ständig hin- und hergeschleudert zwischen kleinen Anerkennungen und schmerzhaften Abwertungen, zwischen kurzen Momenten, ein Mini-Star zu sein, und Abstürzen ins Bodenlose. Alle vorliegenden Studien zeigen eine Korrelation zwischen der Nutzung sozialer Medien und depressiven Symptomen. Viele junge Menschen haben sich wegen der Erfahrungen in sozialen Netzwerken suizidiert.

Ein unter dem Gesichtspunkt des Narzissmus besonders interessantes Phänomen sind die sogenannten Influencerinnen: meist junge Frauen, denen es gelungen ist, durch ihre selbstbewussten Auftritte eine Art Leittier-Status zu erkämpfen und eine große Zahl von Followern oder Followerinnen hinter sich zu versammeln. Hier wiederholt sich im Netz, was, wie schon erwähnt, auf der politischen Bühne zu beobachten ist: Hinter einem Leitwolf, der sich zu einer grandiosen Figur inszeniert, versammeln sich viele in ihrem Selbstwert-Erleben verzwergte Anhänger, die durch Identifikation mit dem Leittier einen Selbstwert-Zuwachs zu erleben meinen. Nicht anders bei Influencerinnen, die sich als Vorbilder inszenieren und dabei häufig Identitäten vortäuschen, die nicht zutreffend sind. Hauptsache, es finden sich genügend Followerinnen, die den Auftritt der Influencerin toll finden, die so sein wollen wie die Influencerin (obwohl diese meistens gar nicht ist, was sie vorgibt zu sein). Wie überall im digitalen Bereich handelt es sich auch hier vor allem um ein Geschäftsmodell. Wenn ihre Accounts eine ausreichend große Zahl an Followerinnen ausweisen, dann erhalten Influencerinnen von Herstellerfirmen ständig kostenlose Zusendungen von Produkten, die angepriesen werden sollen, darüber hinaus oft auch beachtliche Honorare oder geldwerte Vorteile.

Digitaler Narzissmus III: Videospiele

Eine reale Beziehung zu führen, ist eine Investition, die ein Mindestmaß an Aktivität voraussetzt. Als junger Mensch in der realen Welt Anerkennung zu erhalten oder Erfolge zu erringen, zum Beispiel beim Sport, beim Musizieren, beim Einsatz für ein ökologisches Projekt, vielleicht auch in einem schulischen Fach zu reüssieren, dies alles erfordert gewisse Anstrengungen. Diese obliegen nicht nur den betroffenen jungen Menschen, sondern ebenso ihren pädagogischen Begleitern, ihren Eltern, ihren Lehrkräften und anderen Mentoren. Denn die Liebe zu einer Betätigung, die junge Menschen in ihrer Entwicklung weiterbringt und ihnen Anerkennung einbringen kann, erfordert erheblichen Einsatz auch derer, die für junge Leute Verantwortung tragen. Junge Menschen brauchen inspirierende Vorschläge und die ständige Ermutigung, einmal gewählte Interessen weiterzuverfolgen, anstatt bei ersten kleinen Problemen aufzugeben. Doch warum sich Mühen unterziehen, wenn es auch ohne geht? Was haben diese Ausführungen mit Videospielen zu tun? Und wo ist der Bezug zum Narzissmus?

Junge Menschen wollen sich erproben, sich bewähren und brauchen, um die dafür erforderliche Motivation nicht zu verlieren, soziale Anerkennung. Einem meist unbewussten, vermutlich evolutionär entstandenen Motiv folgend, wollen junge Männer lernen, gute Beschützer zu sein, und dafür, völlig legitim, natürlich Bewunderung einheimsen. Die ganz überwiegende Zahl der beliebtesten Games sind Kampf- und Kriegsspiele. Ihre enorme Popularität bei Millionen von jungen Männern verdanken sie dem Umstand, dass sie das Motiv des Ein-guter-Kämpfer-und-Beschützer-Seins aufgreifen, wobei sie dieses allerdings auf den Kampf reduzieren. Männer, die sofort losballern, sind nicht immer die besten Beschützer, im Gegenteil. Zu den Fähigkeiten des Beschützens gehört neben dem Einsatz unmittelbarer Gewalt auch die Klugheit, die Fähigkeit innezuhalten, die Kunst, miteinander zu sprechen, und die Bereitschaft, Kompromisse auszuhandeln. Die letztgenannten Eigenschaften sind identisch mit den Voraussetzungen, derer es bedarf, um eine zwischenmenschliche Beziehung zu führen. Games, die diese Fähigkeiten einbeziehen, sind sehr vereinzelt auf dem Markt, spielen quantitativ aber nicht die geringste Rolle. Die überwältigende Mehrheit der Gamer spielt Ballerspiele.

Sich als junger Mann einer realen Beziehung zu stellen, ist eine Kunst, die in den Jahren der Adoleszenz langsam erlernt werden muss. Dafür gilt es, so manches emotionale Hindernis zu überwinden, vor allem mit Unsicherheits- und Schamgefühlen umzugehen, bis man langsam zu einer gewissen Stabilität findet und schließlich weiß, wie man es anstellt, »eines Freundes Freund zu sein«,[232] also eine Freundschaft oder auch eine Liebesbeziehung einzugehen. Diese Phase stellt auch für psychisch gut aufgestellte junge Menschen eine große Herausforderung dar. Kann es dann wundern, wenn junge Leute mit besonders stark ausgeprägter Selbstunsicherheit sich den mühsamen Weg, analoge Beziehungen zu suchen, ersparen und das Angebot einer narzisstischen Alternative annehmen? Die meisten jungen »Zocker« schließen sich, um zu spielen, in ihre Zimmer ein, die sie sich zu Videospiel-Studios eingerichtet haben. Sie sitzen in extra dafür hergestellten Stühlen, die wie Cockpitsessel aussehen, die Hände am Controller oder an der Tastatur, und dann wird geballert. Was hier entscheidet, sind nicht Charme, Empathie, Sympathie, das Durchstehen von Konflikten, sondern Reaktionsschnelligkeit, Zielgenauigkeit und eine hohe Schussfrequenz.

Im Cockpit seines Videospielzimmers zu sitzen und zu shooten, vermittelt ein Gefühl von Selbstwirksamkeit und Grandiosität. Shooterspiele locken ihre Spieler in eine klassische narzisstische Situation, der man sich nur schwer wieder entwinden kann. Die Spiele sind auf ständiges Weiterspielen angelegt. Beides stimuliert zur Fortsetzung: Niederlage *und* Sieg. Dies ist der Grund, warum Millionen junge Männer, aber auch erstaunlich viele Erwachsene täglich stundenlang gamen. Wer gewohnheitsmäßig und intensiv zockt, nabelt sich immer mehr vom realen analogen Leben ab, was umgekehrt dazu führt, dass das Gaming immer mehr zur einzigen Tätigkeit wird, in der die Betroffenen sich als selbstwirksam und erfolgreich erleben. Ein Teufelskreis, eine narzisstische Falle.

Digitaler Narzissmus IV: Das Metaversum

Da es erst in den kommenden Jahren seinen Durchbruch erleben wird, lässt sich derzeit nur erahnen, welche Rolle die narzisstische Problematik im Metaversum spielen wird. In sehr vielen menschlichen Interaktionen, ja ganz allgemein in zwischenmenschlichen Beziehungen spielt die Körperlichkeit des Menschen eine bedeutsame Rolle. Wo Menschen mit Menschen zu tun haben und sich persönlich begegnen, spielen der Handschlag, der Blick in die Augen, die wechselseitig erlebte Präsenz, die unmittelbar gehörte Stimme und die vielfältigen diskreten Zeichen der Körpersprache eine nicht zu unterschätzende Rolle. Natürlich kann manches auf diesem Gebiet auch schieflaufen, die Vorteile überwiegen jedoch bei Weitem. Jeder Mensch mit Berufserfahrung weiß, dass Projekte, bei denen sich die Beteiligten zumindest ab und zu persönlich begegnen, einen ganz anderen (guten) Lauf haben. Bereits das, was gegenwärtig schon als »ganz normale« Digitalisierung der Abläufe im Arbeits- und Privatleben etabliert ist, hat bei vielen zu einem Verlust an Energie und Motivation geführt. Nichts energetisiert Menschen mehr als die analoge Präsenz freundlicher anderer Menschen.

Das Metaversum ist ein vollkommen körperloser Raum. Es soll aber, wie seine Produzenten ausdrücklich sagen, ein virtueller Rundum-Lebensraum sein, in dem nicht nur gearbeitet wird, sondern wo soziale Kontakte geknüpft, Geschäfte abgewickelt, Hobbys ausgeübt und persönliche Beziehungen geführt werden. Menschen lassen sich im Metaversum, wie bereits in Kapitel 3 ausgeführt wurde, durch ihre Avatare vertreten, die ähnlich wie die hinter ihnen stehenden Menschen aussehen können, denen man aber auch verschiedene anderweitige Identitäten und ein unterschiedlich eindrucksvolles Aussehen verpassen kann. Die Möglichkeit, im Metaversum anonym unterwegs zu sein, erspart es den Betroffenen, sich mit offenem Visier zu zeigen, und ermöglicht es ihnen, Größenfantasien aller Art auszuleben, was auch geschieht. Über Vorfälle, bei denen männliche Avatare gewaltsam über weibliche hergefallen sind, habe ich bereits in Kapitel 3 berichtet. Wie sich die Situation in den verschiedenen Metaversen weiterentwickelt, bleibt abzuwarten. Derzeit handelt es sich um gesetzlose Räume, die nicht nur Narzissten, sondern Psychopathen aller Art ein weites Betätigungsfeld bieten.

Digitaler Narzissmus als frühkindliches Lernprogramm?

Die Jahre der Kindheit und Jugend dienen nicht nur der kognitiven, sondern auch der emotionalen und sozialen Entwicklung. Kleine Kinder sind »natürliche Narzissten«, sie sehen sich ganz im Mittelpunkt, was zunächst einmal auch völlig in Ordnung ist. Indem sie sich mit ihren Eltern und anderen pädagogischen Begleitern, vor allem aber mit ihresgleichen auseinandersetzen, lernen Kinder und Jugendliche, wer sie sind, wie Mitmenschen »funktionieren«, vor allem aber, wie soziales Zusammenleben gelingt, wie erlebte Gemeinschaft zu Freude und Erfolgserlebnissen führen und warum es notwendig sein kann, eigene Wünsche auch einmal zurückzustellen. Digitale Endgeräte wirken diesen Entwicklungsaufgaben in den ersten zehn Lebensjahren diametral entgegen und beinhalten die Gefahr, dass Kinder sich autistisch, narzisstisch und antisozial entwickeln. Bereits jetzt lässt sich beobachten, wie Zwei- und Dreijährige, denen solche Geräte unverantwortlicherweise zur Verfügung stehen (weil Erwachsene ihre Ruhe haben wollen), stundenlang auf ihre kleinen Bildschirme starren und allenfalls Wischbewegungen ausführen. Zahlreiche Beobachtungen zeigen, dass digitale Endgeräte im Kindesalter Schwierigkeiten der betroffenen Kinder zur Folge haben, mit Frustrationen umzugehen und negative Affekte zu regulieren. Kinder brauchen, darin sind sich alle Fachleute einig, bis zum etwa 10. bis 12. Lebensjahr keine digitalen Endgeräte,[233] sondern real anwesende erwachsene Begleiterinnen und Begleiter, und selbstverständlich real anwesende Peers.

Heilmittel gegen digitalen Narzissmus: Eine freundliche, chancenreiche Realität

Außerhalb digitaler Welten umgeben sich narzisstische Menschen mit Personen, die ihnen, freiwillig oder gezwungenermaßen, ständig zurückmelden, dass sie wunderbar, gut, schön oder etwas ganz Besonderes sind. Solange ihre Entourage ihnen die Stange hält, geht es der Narzisstin oder dem Narzissten gut. Das Leiden obliegt dann denen, die ständig loben und applaudieren müssen und nur wenig Wertschätzung zurückerhalten, von Empathie ganz zu schweigen. Warum sollte ein Narzisst, solange alles in seinem Sinne läuft, einen Psychotherapeuten aufsuchen? Psychiater:innen oder Psychotherapeut:innen sehen einen Narzissten erst dann, wenn er oder sie einen Absturz erlebt. Zu einer solchen »narzisstischen Krise« kommt es etwa, wenn sich Angehörige, vorzugsweise eine Partnerin oder der Partner, zu einer Trennung entschlossen haben. Alternativ ereignen sich narzisstische Krisen oft dann, wenn ein narzisstischer Chef mit seinem Führungsstil seine Firma oder sein Institut in Schwierigkeiten gebracht hat und ein übergeordnetes Gremium ihn von seinem Amt entbindet. Erst im Moment der narzisstischen Krise erkennt der narzisstische Mensch die Realität, die den Kern seines Problems bildet: dass er einsam ist, weil er aufgrund seiner Beziehungsunfähigkeit keine wirklichen Freunde hatte und hat. Das Beste, was Betroffenen jetzt passieren kann, ist, den Weg in eine Psychotherapie zu finden.

Digitale Narzissten sind so lange obenauf, solange ihre Scheinwelten ihnen geben, wonach sie sich so dringend sehnen: die Likes, Herzchen, Follower und andere Zeichen der Zustimmung in den sozialen Medien oder die vielen kleinen Momente des Erfolgs beim Videospielen. Abstürze aus diesen Scheinwelten sind selten, denn die digitalen Systeme verleiten, vor allem beim Gamen, zum ständigen Weitermachen. Bei den sozialen Netzwerken ist der Ausstieg, wir denken an das Mädchen Lakshmi (Kapitel 3), schwierig, denn die Plattformen sind für viele die einzig relevante soziale Bühne. Obwohl psychische Abstürze, vor allem bei User:innen der sozialen Netzwerke, durchaus vorkommen, zeigen Menschen, die die digitalen Angebote lange und intensiv nutzen, eher Symptome eines langsamen persönlichen Niedergangs. Intensiv-Gamer verpassen häufig wichtige Phasen ihres Lebens, vor allem gelingen ihnen meistens keine guten, manchmal überhaupt keine Schulabschlüsse. Intensive User:innen der sozialen Netzwerke zeigen langfristig oft Zeichen einer mentalen Erschöpfung oder einer Depression. Wer Menschen, die in die narzisstische Falle der digitalen Angebote geraten sind, heraushelfen will, muss ihnen in der analogen Realität Alternativen bieten. *Das beste Heilmittel gegen digitalen Narzissmus ist eine chancenreiche, attraktive Realität, die realistische Versprechen bereithält, anstatt die Betroffenen zum Eskapismus zu zwingen.* Oft ist es ein ganz unerwartetes Ereignis, welches der digitalen Sucht ein Ende setzt: die Liebe, ganz analog, ganz real.

7. KAPITEL

Bewahrung der Humanität in einer digitalen Welt

»Man kann die Festlegung gesellschaftlicher und politischer Normen nicht einer Mathematik überlassen, die systematisch Kausalitäten und Korrelationen erzeugt, deren Effekte wir spüren, aber deren Zustandekommen wir nicht nachvollziehen können.«

Frank Schirrmacher (1959-2014)

Die digitalen Systeme sind Teil unserer Welt. Sich dieser Tatsache nicht zu stellen, wäre eine besonders fatale Variante von Realitätsverlust. Große Werkhallen, in denen Roboter mit ungeheurer Geschwindigkeit und Präzision und einer ganz eigenen Geräuschkulisse Produkte fertigen, vor wenigen Jahren noch eine Sensation, sind heute Standard. Jede dieser Produktionsstätten ist ihrerseits Teil einer digital gesteuerten Liefer- und Herstellungskette. Beschäftigte in ölverschmierter Arbeitskleidung, die das Bild von Werkhallen bestimmten, als ich nach meinem Schulabschluss bei Daimler-Benz in Stuttgart-Untertürkheim mir am Fließband mein erstes Geld verdiente, sind heute eine Ausnahme. Als ich Ende der Nullerjahre in einer Allgäuer Firma, die mich zu einem neurowissenschaftlichen Vortrag eingeladen hatte, durch eine riesige »Industrie-4.0«-Werkhalle geführt wurde, sah ich einen völlig anderen Typus von Beschäftigten: Frauen und Männer, die mit geöffneten Laptops durch die Halle gingen und mit ihren Robotern kommunizierten. Viele Arbeiten, die Roboter heute erledigen, wären durch Menschen gar nicht zu leisten, schon gar nicht in der Präzision und Geschwindigkeit. Hier dienen digitale Systeme dem Menschen als Werkzeug. Fantastisch!

Eine völlig andere Perspektive: Während der Abfassung dieses letzten Kapitels verbrachte ich einige Tage im Oberengadin. Die Chefin des familiengeführten kleinen Hotels kam mit mir ins Gespräch und wollte wissen, womit ich mich beschäftigte, wenn ich mich nach dem Frühstück mit meinem Laptop in einen Nebenraum zurückzog. Nachdem sie vom Thema meines Buches erfahren hatte, berichtete sie mir von ihrer Küchenhilfe, die zwar einen Schulabschluss habe, mit einfachen Subtraktionen oder Additionen, die bei der Planung und Essenszubereitung unvermeidlich anfielen, aber völlig überfordert sei. Sie hätten, so habe ihr die Küchenhilfe erklärt, in der Schule dafür ihre Smartphones benutzt. Sie fuhr fort, mir zu erzählen, dass ihre beiden Enkelinnen in der Schule das kleine Einmaleins nicht mehr erlernen. Empörung war der Seniorchefin fremd, aber sie fand nicht gut, was sie mir berichtete. Mich erinnerte ihre Erzählung an eine kleine Auseinandersetzung, die ich vor Kurzem mit einem Mitglied der Ständigen Wissenschaftlichen Kommission (SWK) der

Kultusministerkonferenz (KMK) hatte, der, zusammen mit seinen Kommissionskolleg:innen, für die Einführung digitaler Endgeräte in Kitas plädiert hatte und der in einer sich daran anschließenden, mit mir geführten Konversation die (von mir befürwortete) Bedeutung des Erlernens der Handschrift einen »Mythos« nannte.

Verlust und Wiedergewinnung menschlichen Selbstbewusstseins

Eine Debatte, die für oder gegen digitale Systeme, für oder gegen digitale Endgeräte geführt wird, läuft falsch. Die einzig entscheidende Frage ist, ob die Systeme uns dienen oder uns beherrschen, ob sie unser Werkzeug sind oder wir zu ihrem Werkzeug werden. Wenn digitale Angebote uns dequalifizieren und uns Fähigkeiten verlernen lassen, ohne die wir abhängig, hilflos und manipulierbar werden, läuft etwas falsch. Ob Handwerker oder Akademiker, auch im digitalen Zeitalter kommen Menschen in Schwierigkeiten, die sich nicht kurz eine handschriftliche Notiz machen können oder die Fähigkeit, im unteren Zahlenraum zu rechnen, nicht beherrschen. Auch manches andere sollte man einfach wissen, auch wenn es sich im Zweifelsfall nachschlagen lässt. *Wie werden wir zurechtkommen, wenn Sonnenwinde*[234] *oder andere Ursachen zu längeren Internetausfällen führen?* Das Privileg, ohne erlernte Grundfähigkeiten durchs Leben zu kommen, ist offenbar nur Mitgliedern von Kommissionen vorbehalten, die Bildungsempfehlungen abgeben. Meine Empfehlung an die Akteure unserer Bildungssysteme ist, sich zu hüten, zu einer Lobby der

Digitalindustrie zu werden. Man muss den Rigorismus meines geschätzten Kollegen Manfred Spitzer, der seit Jahren vor den Nebenwirkungen digitaler Endgeräte warnt, nicht teilen. Unkorrekte Aussagen wurden ihm bisher jedoch nicht nachgewiesen. Daher fand ich es befremdlich, dass es der oben erwähnten SWK nicht zu billig war, in einer offiziellen Stellungnahme namentlich gegen Manfred Spitzer zu polemisieren.

Die Art, wie uns fortgeschrittene digitale Technologien, in den letzten Jahren bis heute, vermittelt wurden und werden, trägt Züge einer Einschüchterung der Menschheit. Diese Einschüchterung ist, soweit es die »digitalen Kardinäle« betrifft, durchaus gewollt. Was uns Angst machen sollte, sind aber nicht die digitalen Systeme, auch wenn die Vertreter einer »digitalen Mystik« dies befördern. Besorgt machen sollte uns vielmehr die Beherrschung der digitalen Systeme durch wenige, nicht im Entferntesten ausreichend demokratisch kontrollierte Monopole. Besorgt machen sollte uns außerdem die Instrumentalisierung von mit KI ausgestatteten Produkten als Argument gegen die angeblichen Unzulänglichkeiten unserer Spezies.[235] Für die Wiedergewinnung unseres Selbstbewusstseins wäre es überaus dienlich, wenn wir aus dem passiven Konsumentenmodus herauskommen könnten, in den uns viele digitale Produkte hineingeführt haben. Und wenn wir, um die Erreichung dieses Ziels zu fördern, stattdessen vor allem die Bildungsanstrengungen und die Qualifizierung junger Menschen massiv verstärken würden.

Unser Ziel sollte sein, junge Menschen zu IT-Expert:innen, Programmierer:innen und Ingenieur:innen auszubilden. Wir brauchen Menschen, die europäische Chip-Fabriken bauen und unsere Abhängigkeit von autokratischen Regimen vermindern können. Diesen Nachwuchs werden wir jedoch nicht dadurch bekommen, dass wir Kindern viel zu früh digitale Endgeräte in die Hand drücken, die sie bereits in jungen Jahren zu Süchtigen machen. Warum wohl verweigern die Bosse des Silicon Valley ihren eigenen Kindern Smartphones, und warum schicken sie ihren Nachwuchs auf Schulen (vorzugsweise Waldorfschulen), in denen digitale Endgeräte vom Unterricht ausgeschlossen sind? Unser Ziel muss es sein, in der Erziehung, am Arbeitsplatz, beim Umgang mit den natürlichen Ressourcen dieser Erde und in unserer Selbstaufstellung als Menschen Wege zu finden, im digitalen Zeitalter die Humanität und das Produkt der Aufklärung, den Humanismus, zu verteidigen. Diesen vier genannten Bereichen seien einige abschließende Bemerkungen gewidmet.

Bewahrung der Humanität I: Erziehung

Die Bewahrung der Humanität beginnt im Kindesalter. Kinder brauchen für ihre Entwicklung zugewandte andere Menschen. Dieser Bedarf ist zwingend und nicht durch digitale Produkte ersetzbar. Der Grund ist, dass die Resonanz, derer Kinder bedürfen, sich auf die jeweils aktuelle Verfassung des Kindes einstellen muss und dass nicht umgekehrt das Kind veranlasst werden darf, sich seinerseits in Resonanz zu einem digitalen Produkt zu begeben. In den ersten beiden Lebensjahren brauchen Kinder ein ausreichendes Maß an zweiseitiger, »dyadischer« Spiegelung. Nur so können Säuglinge und Kleinkinder spüren, dass *sie* gemeint sind, nur so können sie ein Selbst entwickeln. Zur Humanität, die wir Kindern in den ersten beiden Lebensjahren schulden, gehört in Einrichtungen, die Kinder vor dem dritten Lebensjahr betreuen, ein ausreichender Personalschlüssel von 1:3 (Betreuung/Kinder). Diesen Schlüssel fordert ein von der Bertelsmann Stiftung beauftragtes Gutachten, welches durch Kinderärzt:innen, Erziehungswissenschaftler:innen und Kindheits- und Entwicklungspsycholog:innen erstellt wurde. Zum Betreuungsbedarf von Kleinkindern scheint in der Gesellschaft eine recht verzerrte Wahrnehmung zu herrschen. Allen leuchtet ein, dass eine Mutter mit Drillingen ohne Unterstützung tagsüber nicht gut zurechtkommen kann. Gleichzeitig finden wir es nicht weiter zu beanstanden, dass Kindheitspädagog:innen, Erzieher:innen, Pfleger:innen oder Aushilfen in fast allen deutschen Kitas für weit mehr als drei Kinder im Alter zwischen 0 bis zwei Jahren sorgen müssen.

Wenn Kinder ihren zweiten Geburtstag gefeiert haben, sie nun also im dritten Lebensjahr stehen und die Sprachentwicklung begonnen hat, können – und *sollten* – sie in kleinen Gruppen betreut werden. Die postnatale Gehirnentwicklung ist inzwischen so weit vorangeschritten, dass Kinder einfache Hinweise und Anweisungen verstehen. Im Alter von drei bis zu sechs Jahren kommt es darauf an, dass Kinder einerseits die Welt erforschen, andererseits die Regeln erlernen und verinnerlichen, die ein gutes soziales Miteinander ermöglichen: warten, teilen und die eigenen Impulse kontrollieren.[236] Dies erfordert keine drakonischen Maßnahmen, sondern ein täglich viele Male wiederholtes freundliches, liebevolles Erklären und Hinweisen. Dazu braucht es Menschen, keine Roboter. Wenn sie freundlich behandelt werden, lassen sich Kinder gut »führen«, denn sie sehnen sich nach der Zuwendung, Ermutigung und Wertschätzung erwachsener Menschen. Herangeführt werden sollen Kinder in diesem Alter aber auch an die Entdeckung der Welt, an das Arbeiten mit verschiedenen Materialien, an die Erforschung der freien Natur und an die Erprobung des eigenen Körpers durch vorsportliche Programme. *Digitale Endgeräte leisten einer Ent-Dinglichung, Ent-Materialisierung und Ent-Körperlichung der Kindheit Vorschub und sind den Entwicklungsaufgaben der Vorschul-Kindheit diametral entgegengerichtet.*

Der Situation an unseren Schulen war ein Teil meiner Arbeit in den letzten zwanzig Jahren gewidmet.[237] Erkenntnisse aus den modernen Neurowissenschaften ergänzen sich mit Ergebnissen, die von herausragenden Schulforschern wie etwa John Hattie vorgelegt wurden. Im Mittelpunkt guter Schulpädagogik sollte die pädagogische Beziehung zwischen Schülerinnen und Schülern und ihren Lehrkräften stehen. Von ihr hängt ab, ob Kinder und Jugendliche Motivation entwickeln. Den Kern der pädagogischen Beziehung bilden Spiegelungs- und Resonanzvorgänge. Die Resonanzen, die Schülerinnen und Schüler auf ihre (guten oder nicht ausreichenden) Bemühungen von Lehrerseite erhalten, können die Kraft einer sich selbst erfüllenden Prophezeiung entwickeln. Gerade dort, wo Kinder und Jugendliche ihre Potenziale noch nicht hinreichend ausgeschöpft haben, kommt es darauf an, dass die ihnen von Lehrerseite gegebenen Resonanzen durch Ermutigung Möglichkeitsräume eröffnen, anstatt diese durch Zynismus oder Desinteresse zu schließen. Die Arbeit an Schulen kann ab der Sekundarstufe durch digitale Werkzeuge unterstützt werden. Die analoge Präsenz von Lehrkräften ist jedoch durch nichts zu ersetzen.[238]

Bewahrung der Humanität II: Menschliche Arbeit

Neben guten sozialen Beziehungen und der Ausübung von Hobbys gehört die Arbeit, zumindest potenziell, zu den bedeutenden Ressourcen für gutes menschliches Leben. Ob sie das Versprechen, zum Glück des Menschen beizutragen, einlösen kann oder ob sie den Menschen ruiniert, hängt von einigen Voraussetzungen ab, denen ich bereits vor einiger Zeit ein eigenes Buch gewidmet habe.[239] Im Gegensatz zur Industrie 1.0 und Industrie 2.0 gefährdet die Arbeit im Zeitalter von Industrie 3.0 und 4.0 heute weniger die körperliche als vielmehr die psychische Gesundheit.[240] Erkrankungen am Arbeitsplatz zeigen sich heute vor allem als psychosomatische Beschwerden, als Erschöpfungszustände, als Burn-out-Syndrom oder als Depression. An dieser Stelle soll uns vor allem interessieren, was die Digitalisierung, und hier vor allem das Arbeiten an und mit Computern, für die Situation der Beschäftigten bedeutet.

Die erste von drei Voraussetzungen, ohne die Arbeit nicht glücklich machen kann, betrifft die Wertschätzung und Anerkennung. Soweit es Beschäftigte an modernen Arbeitsplätzen betrifft, spielen Arbeitgeber, Vorgesetzte und ihr Führungsstil hier eine herausragende Rolle. Die arbeitsmedizinische Forschung zeigt, dass es nicht primär die Arbeitsmenge, sondern vor allem die stimmige (oder schiefe) Balance zwischen Verausgabung und Anerkennung ist, die arbeitende Menschen gesund bleiben (oder erkranken) lässt.[241] Eine zweite Voraussetzung für die Bewahrung der Gesundheit am Arbeitsplatz ist die erlebte Kollegialität. Sie ist der wichtigste protektive Faktor, um bei der Arbeit psychisch gesund zu bleiben. Eine dritte Voraussetzung betrifft die Frage, inwieweit sich Beschäftigte in ihrer Arbeit (oder in den Produkten ihrer Arbeit) wiedererkennen, inwieweit sie sich mit ihrer Arbeit identifizieren können, oder ob sie die Arbeit als *entfremdet* erleben. Etwas zu tun (oder tun zu müssen), zu dem man keine innere Beziehung hat oder in dem man keinen Sinn sieht, ist ungeheuer anstrengend und belastet die Gesundheit.

Bei der Arbeit an und mit Computern sollte es darum gehen, die drei genannten Voraussetzungen im Auge zu behalten. *Moderne Computer-Arbeitsplätze begünstigen eine Tendenz, Beschäftigte voneinander und von ihren Vorgesetzten zu isolieren.* In Ruhe und ungestört seine Arbeit machen zu können, ist kein Nachteil, andererseits sollte ein Minimum an analogen Begegnungsmöglichkeiten mit Kolleginnen und Kollegen sowie mit Vorgesetzten ermöglicht oder aktiv arrangiert werden. Das betrifft vor allem Beschäftigte, die »remote«, also an beliebiger Stelle irgendwo auswärts arbeiten. Eine Variante ist das Homeoffice, die teilweise oder gänzliche Verlagerung der Arbeit an den privaten Wohnort. Ein spezifisches Problem des Homeoffice ist die dadurch manchmal gegebene schwierige Abgrenzung zwischen Arbeits- und Privatleben, die sich als gesundheitlicher Belastungsfaktor erwiesen hat.

Immer wieder, dies ist ein weiterer Aspekt, geht es um die Frage, ob der Computer für uns oder wir für den Computer arbeiten. Das betrifft vor allem Human-Dienstleistungsberufe, also die Medizin, die Kranken- und Altenpflege und die pädagogischen Berufe. Die sorgfältige Dokumentation der Arbeit in Krankenhäusern und Pflegeeinrichtungen ist unerlässlich. Allerdings hat sich das Verhältnis zwischen Arbeit und Dokumentation vielerorts sozusagen auf den Kopf gestellt: Ohne dass es den Beteiligten bewusst wird, gerät die Dokumentation leicht zur Hauptsache, während die mit den Kranken oder Pflegebedürftigen verbrachte Zeit zur Nebensache wird. Nicht, dass es den Erkrankten oder den zu Pflegenden gut geht, sondern dass die Dokumentation stimmt und unangreifbar ist, wird leicht zum wichtigsten Anliegen. Wer in Krankenhäusern und Pflegeeinrichtungen zu tun hat, kann beobachten, dass sich das meiste Personal häufig im Umfeld der Computer-Arbeitsplätze befindet. *Gute Medizin und gute Pflege haben viele wichtige technische oder materielle Aspekte. Darüber darf aber nicht vergessen werden, dass die Beziehung zu Kranken oder Pflegebedürftigen ein ebenso wichtiger Genesungsfaktor ist.* Dafür müssen Krankenhaus- und Pflegeeinrichtungsträger ihren Beschäftigten allerdings die notwendige Zeit lassen.

Zur Bedeutung der Beziehung in der Pädagogik mögen die dazu bereits gemachten Ausführungen ausreichen. Auch in Kitas und Schulen besteht die große Gefahr, dass das gemeinsame Spielen (in Kitas) und die Arbeit in Klassenzimmern nicht primär auf die Kinder und Jugendlichen gerichtet sind, dass sich das Geschehen stattdessen um das Goldene Kalb der digitalen Systeme dreht. Ein der kognitiven und emotionalen Entwicklung von Kindern und Jugendlichen zuwiderlaufender Trend ist die durch digitale Endgeräte geförderte *Ent-Dinglichung* oder *Ent-Materialisierung.* Wenn Kinder mit der Hand Buchstaben, Wörter, Zahlen oder Zeichnungen zu Papier bringen, haben sie etwas Anfassbares vor sich, ein sinnlich erfahrbares Produkt, das *ihr* Produkt ist. Ein Heft oder einen kleinen Ordner, ein sogenanntes Portfolio mit den eigenen »Werken«, zu haben, ist für Kinder und Jugendliche ein Stück Realität. In Computerordner eingespeiste Arbeiten entbehren jeder Materialität.

Das Gleiche gilt für Fächer, die der Erforschung der Natur gelten. In ein Heft eingeklebte Blätter oder Samen, mit der eigenen Hand gemalte Bilder von Pflanzen oder Tieren, haben einen Realitätswert, den digitale Repräsentationen nicht leisten können. Ebenso ist der Wert eines in Physik und Chemie real durchgeführten Experiments mit einem simulierten Experiment nicht zu vergleichen. Dass Mark Zuckerberg in ganzseitigen Anzeigen dafür geworben hat, dass sein Metaversum *Horizon* künftig auch der Ort für den Schulunterricht sein könne, zeigt, wohin die Reise gehen soll. *Unsere Bildungseinrichtungen sollten unsere Kinder zu* Akteuren *des Lebens machen. Ihrer bildungsfeindlichen Verwandlung in* Konsumenten *digitaler Produkte sollten wir uns mit aller Macht entgegenstellen.*

Bewahrung der Humanität III: Die Beziehung zur Natur

Wenn die Humanität in einer digitalen Welt bewahrt werden soll, dann gehört die Beziehung des Menschen zur Natur zu den Top-3-Themen. Anstatt Möglichkeiten zu thematisieren, die digitale Simulationen bieten, *die Natur zu bewahren*, sprechen sämtliche transhumanistische Autoren, auch David Chalmers, ausschließlich davon, *die Natur durch Simulation zu ersetzen*. Anstatt digitale Technologien dafür einzusetzen, die bereits vollzogene Beschädigung der Natur und das Elend unserer Megacitys zum Stillstand zu bringen und umzukehren, befürworten transhumanistische Autoren den Eskapismus, also die Abwendung von der analogen Realität und die Flucht in die virtuellen Räume.

Als Kind der Evolution findet sich der Mensch in drei lebenserhaltenden Beziehungen wieder: in der Beziehung zu seinesgleichen, in der Beziehung zum eigenen Körper und in der Beziehung zur Natur. Mit allen dreien steht der Transhumanismus auf Kriegsfuß. Gleichzeitig versuchen die hinter den digitalen Systemen stehenden Konzerne, sich aller dreier Beziehungen zu bemächtigen und sie zu kommerzialisieren. Die erste der drei Kardinalbeziehungen betrifft das Verhältnis zu anderen Menschen, mit ihr beginnt unser Leben. Es ist heute praktisch unmöglich, eine soziale Beziehung zu führen, ohne dass die Digitalkonzerne die Kommunikation abhören oder mitlesen, eine Situation, die an schlechte Witze über lauschende Zimmervermieterinnen früherer Zeiten erinnert. Mit dem Unterschied, dass uns die Absurdität einer lauschenden Vermieterin sofort einleuchtet, während wir nichts daran finden, dass die Digitalkonzerne heute weltweit an jeder auch noch so intimen Kommunikation partizipieren. Die Digitalkonzerne treiben es weit schlimmer als die lauschende Vermieterin: Sie arrangieren Beziehungen, indem sie uns ungefragt mit Links anderer Personen versorgen. Sie regeln, welche Nachrichten wir zu sehen bekommen, und beeinflussen, ohne dass wir dies bemerken, unser Denken.

Der menschliche Körper, zu dem wir die zweite der genannten drei Beziehungen unterhalten, ist selbst ein Teil der Natur. Soweit es den Transhumanismus betrifft, soll der biologische Körper durch eine Simulation seiner selbst ersetzt werden, was konkret den absurden Versuch bedeuten würde, die biologische Materialität unseres Körpers durch ein System von mathematischen Recheneinheiten – aus nichts anderem bestehen Simulationen – zu ersetzen. Soweit es digitale Produkte wie die Social Media, die Videospiele und das Metaversum betrifft, kommt der eigene Körper so gut wie nicht mehr vor. Er sitzt im Stuhl, entwickelt bei manchen Menschen Symptome der bereits genannten Cyber-Sickness, bei anderen – vor allem bei Kindern – verschlechtern sich die Augen, bei wieder anderen entwickelt sich Übergewicht.

Die dritte der drei erwähnten Kardinalbeziehungen hat der Mensch mit der Natur. Bevor unsere Spezies – vor gerade einmal 12.000 Jahren – sesshaft zu werden begann, war der Mensch ein integraler Teil der Natur. Mit dem Beginn der Sesshaftwerdung kam es zu einer bis heute anhaltenden Entfremdung zwischen unserer Spezies und der Natur.[242] Der Mensch machte sich die Erde untertan, die Natur wurde zu einem Nutzraum. Ihre Ausbeutung hatte den Aufstieg, ihre Zerstörung den Fall großer Imperien zur Folge.[243] Welche immense Bedeutung die Natur für den Menschen bereits durch ihre pure (analoge) Präsenz hat,[244] zeigt sich einerseits daran, dass Menschen, die in Großstädten leben, einem massiv erhöhten Risiko unterliegen, psychisch schwer zu erkranken.[245] Andererseits hat der Aufenthalt in der Natur bei gestressten oder psychisch erkrankten Personen in hohem Maße heilsame, insbesondere antidepressive Effekte. Die reale, analoge Natur ist, wenn der Mensch gesund bleiben will, durch nichts zu ersetzen, auch nicht nur eine digitale Simulation ihrer selbst. Eine digital simulierte Natur lässt sich nicht mit den eigenen Füßen betreten, wir können uns in ihr nicht auf eine Wiese oder auf den Waldboden unter einen Baum legen, wir können weder Blumen noch Bäume mit den Händen berühren noch ihren Duft genießen.

Die evolutionäre Bestimmung des Menschen

Über der Frage, warum es diese Welt und nicht *nichts* gibt, haben sich bereits Generationen vor uns den Kopf zerbrochen. Die Schöpfungslegende, also die Antwort, welche die Bibel auf diese Frage gab, konnte verworfen werden, nachdem sich die Evolution dank unendlich vieler Evidenzen als unumstößliche Theorie erwiesen hat. Die Evolutionslehre ist, wie die Naturwissenschaften insgesamt, ein Kind der Aufklärung. Der Transhumanismus und sein derzeit wohl prominentester Wortführer, David Chalmers, berichten uns von einer als »Entdeckung« annoncierten neuen Sicht der Dinge: Die Welt, unsere Erde und wir selbst seien die digitale Simulation eines uns übergeordneten Simulators.

Eine Weltsicht auf Behauptungen aufzubauen, die sich weder beweisen noch widerlegen lassen, bedeutet einen Schritt zurück hinter die Aufklärung. Dies war und ist der Grund, warum ich den Transhumanismus als digitale Mystik und als Versuch bezeichne, einem Geschäftsmodell eine pseudophilosophische beziehungsweise pseudowissenschaftliche Basis zu verleihen.

Die Anfänge des Lebens auf dieser Erde reichen über drei Milliarden Jahre zurück. Vielzellige Lebewesen mit einem Körperbauplan gibt es seit der sogenannten Kambrischen Explosion. Dieser Begriff bezeichnet eine mehr als 500 Millionen Jahre zurückliegende, aus evolutionärer Sicht relativ kurze Phase von wenigen Millionen Jahren, innerhalb derer sich die körperlichen Grundbaupläne entwickelt haben, die wir bei allen heute noch vorhandenen Lebewesen des Tierreichs sehen.[246] In der Zeit seit der Kambrischen Explosion war die Erde von fünf Mega-Ereignissen betroffen, die jeweils beinahe zur Auslöschung allen Lebens geführt haben. Die letzte dieser fünf globalen Megakatastrophen war der Einschlag eines gewaltigen Meteors vor 65 Millionen Jahren im Bereich des heutigen Golfs von Mexiko, der den Dinosauriern den Garaus machte. Der große Charles Darwin dachte, die Dinosaurier seien einem heroischen Kampf mit den Säugetieren erlegen. Auch große Geister, denen wir wichtige Erkenntnisse verdanken, können in Einzelpunkten irren. Seit der Auslöschung der Dinosaurier sind über 60 Millionen Jahre vergangen, eine neue Megakatastrophe wäre, rein statistisch gesehen, sozusagen wieder fällig. In diesem Falle wird uns allerdings eine Besiedlung des Mars nicht retten. Wir sollten unsere Kräfte als Menschheit bündeln, um die Erde zu retten und zu schützen, anstatt den narzisstischen Phantasmen Elon Musks und anderer zu folgen.

Die frühen Phasen der Erdgeschichte, in denen das Leben entstand, und dann die mindestens fünf Phasen, in denen sich das Leben nach den fünf Globalkatastrophen jeweils erholen musste, sind der Ausdruck einer gewaltigen biologischen Eigenkreativität. Charles Darwins Annahme, dass es ausschließlich kleine Zufallsveränderungen des genetischen Substrats seien, welche die evolutionären Novitäten hätten entstehen lassen, ist aus Sicht der modernen Genetik nicht mehr haltbar. Biologische Systeme haben ein intrinsisches, in ihnen selbst liegendes Potenzial zur Selbstveränderung, welches als Natural Genetic Engineering bezeichnet wird.[247] *Diese Fähigkeit biologischer Systeme zur spontanen Selbstveränderung ihrer materiellen Eigenstruktur unterscheidet sie von Maschinen und von Computern, auch von solchen mit Künstlicher Intelligenz.* Die Selbstveränderungen biologischer Systeme, die neue Arten entstehen ließen, erfolgten vor allem durch Genduplikationen, also durch Verdoppelung von Genabschnitten, sowie durch sogenannte Transpositionen, also durch die Umsetzung großer Genabschnitte an eine andere Stelle innerhalb des Erbguts.[248]

Die gewaltige Eigenkreativität der Biosphäre beruhte und beruht nicht nur auf dem Selbstveränderungspotenzial biologischer Subjekte, sondern auch auf mannigfaltigen Varianten biologischer Kooperation. Eines der markantesten Beispiele dafür ist die Entstehung desjenigen Zell-Typus, aus dem alle Tiere bestehen.[249] Der Entstehung dieses Zelltyps verdanken wir unser Leben. Sie ist das Ergebnis eines spektakulären kooperativen Vorgangs, der als Endosymbiose bezeichnet wird. Im Urmeer in der Frühphase der Evolution gab es drei große Gruppen von Einzellern: Urzellen (sogenannte Archaea), Sauerstoff produzierende und Sauerstoff verbrauchende Bakterien. Als die Sauerstoffkonzentration in der Atmosphäre und im Weltmeer, in dem diese Zellen lebten, anstieg, war das Leben der Archaea bedroht, für sie war Sauerstoff Gift. In dieser Situation begannen Archaea-Zellen, Sauerstoff verbrauchende Bakterien dauerhaft in sich aufzunehmen (ohne sie zu zerstören): Die moderne »eukaryontische« Zelle, Baustein aller Lebewesen des Tierreichs, war geboren.[250] Die Beispiele biologischer Kooperation sind fast unendlich.

Überall, wo wachsende Populationen von Lebewesen mit begrenzten Ressourcen konfrontiert werden, gesellt sich zur biologischen Eigenkreativität das Prinzip der Verdrängung und der Auslese der am besten angepassten Lebewesen hinzu.[251] Kurz bevor Charles Darwin seine Grundthesen zur Evolution publizierte, hatte er, wie er in seiner Biografie erzählt, ein Buch des britischen Volkswirtschaftlers Thomas Robert Malthus gelesen.[252] England durchlief damals die erste industrielle Revolution, die Städte litten an Überbevölkerung und sozialem Elend. Thomas Malthus argumentierte in seinem Werk, man dürfe die Armen keinesfalls sozial unterstützen, ihre Armut sei der Ausweis ihrer fehlenden Fitness, die Gesellschaft dürfe durch sie nicht belastet werden. Inspiriert durch Thomas Malthus, stellte Charles Darwin die Auslese der am besten Angepassten als Prinzip der Evolution in den Vordergrund. Über die Eigenkreativität biologischer Systeme konnte er noch nichts wissen. Das Prinzip der Kooperation, über das sein russischer Kollege Peter Kropotkin 1902 ein Werk verfasste,[253] erschien ihm als nachrangig gegenüber dem Kampf ums Dasein.

Darwins Evolutionslehre war *der* große Augenöffner und wurde, zusammen mit der Vererbungslehre Gregor Mendels, zum Startpunkt der modernen Biologie. Fatalerweise entwickelte sich aus der Verbindung der beiden Lehren Anfang des 20. Jahrhunderts der Rassismus. 1905 wurde die Deutsche Gesellschaft für Rassenhygiene gegründet, in der sich ein Großteil der damaligen akademischen Eliten zusammenfand. Zahlreiche zwischen 1905 und 1933 erschienene Bestseller – darunter ein 1920 erschienenes, von den Freiburger Professoren Alfred Hoche und Karl Binding erschienenes Werk

Über die Vernichtung lebensunwerten Lebens – bereiteten der Ideologie des Nationalsozialismus den Boden. Zwei große Irrtümer begannen sich damals im Denken der Bevölkerung festzusetzen. Die eine irrige Annahme war, man könne alle Aspekte der menschlichen Gesundheit und des menschlichen Verhaltens in gleicher Weise auf Gene zurückführen wie die Farben von Gregor Mendels Erbsen. Von Genregulation und Epigenetik hatte man damals noch keine Ahnung. Der zweite Irrtum war die Annahme, der »Kampf ums Dasein« bilde die Grundmotivation menschlichen Verhaltens. Die Annahme, dass menschliches Verhalten durch einen »Aggressionstrieb« gesteuert sei, geht auf Sigmund Freud und Konrad Lorenz zurück.[254]

Charles Darwin kannte keinen »Aggressionstrieb«. Natürlich erkannte er, wie sollte es anders sein, die Aggression als bedeutsames Verhaltenselement. Die stärkste aller menschlichen Motivationen waren für ihn aber, wie er es nannte, die »sozialen Instinkte«, also die sozialen Triebe. Die modernen Sozialen Neurowissenschaften geben Charles Darwin recht. Natürlich zeigen Menschen Aggressionen, und dies mehr als genug. Aggression ist bei psychisch durchschnittlich gesunden Menschen jedoch kein primäres, kein unprovoziert auftretendes Verhaltensmotiv. Scheinbar unprovozierte Aggression, wie sie von Menschen mit psychopathischen Störungen ausgeübt wird, hat einen eigenen Ursachen-Hintergrund.[255] Primäre menschliche Bedürfnisse sind, wie die Ergebnisse jahrzehntelanger psychologischer und neurowissenschaftlicher Forschung zeigen, soziale Verbundenheit, soziale Anerkennung, Freiheit und die Möglichkeit zum Selbstausdruck beziehungsweise zu Kreativität. Soziale Ausgrenzung oder

Beschränkungen der Freiheit oder Kreativität sind potente Auslöser von Aggression oder, falls Aggression nicht möglich ist, von Depression.

Die meisten Pflanzen zeigen gutes Gedeihen, wenn sie fruchtbaren Boden, Sonne und genügend Feuchtigkeit erhalten. Dieser Zusammenhang hat sich natürlich evolutionär entwickelt, er verdankt sich also der Evolution. Es erscheint jedoch schlüssig, aus dem Gedeihen einer Pflanze unter diesen Bedingungen zu schließen, dass guter Boden, Sonne und Feuchtigkeit ihre natürliche Bestimmung sind. Wenn wir diese Logik für zulässig halten, dann sollten Umgebungs-Bedingungen, welche die Gesundheit des Menschen schützen, die seine Lebenszufriedenheit steigern und sein Lebensalter erhöhen, einen Hinweis auf die Bestimmung des Menschen geben. Tatsächlich zählt analog erlebte soziale Verbundenheit zu den wichtigsten die Gesundheit schützenden, die Lebenszufriedenheit erhöhenden und die Langlebigkeit begünstigenden Faktoren.[256] Mehr noch: Nicht nur soziale Unterstützung zu erhalten, auch sie (freiwillig) zu geben, begünstigt Genaktivitätsmuster, welche die Gesundheit schützen.[257] Zur digitalen Verbundenheit durch soziale Netzwerke liegen entgegengesetzte Daten vor. *Ebenso wenig wie sich eine reale, analoge Pflanze auf simuliertem Boden und unter simulierter Sonne entwickeln kann, ebenso wenig können reale Menschen in simulierten oder virtuellen Welten gedeihen.*

Worte des Dankes

Herzlichen Dank schulde ich Moritz Volk für ein ausgezeichnetes Lektorat. Franziska Günther und Karin Graf danke ich für die Anbahnung des Buchprojekts. Mit Rat und Expertise geholfen haben mir Alexandra Jörchel, Elaisa Bonorden, Felix Droste, ein Internet-Anonymus namens McLP, Jonathan Weber, Rieke Heubach, Reinhard Günzler und Klaus Lindstedt. Ganz besonderen Dank schulde ich meiner lieben Frau und Yogalehrerin Hedwig Bauer.

Wissenschaftliche Biografie des Autors

Univ.-Prof. Dr. Joachim Bauer ist Arzt, Neurowissenschaftler und Psychotherapeut. Nachdem er am humanistischen Karlsgymnasium Stuttgart die Hochschulreife erworben hatte, studierte Joachim Bauer an der Universität Freiburg zunächst ein Semester Physik und wechselte dann zum Studium der Medizin. Einen Teil seines Studiums verdiente er sich mit Pflegediensteinsätzen in verschiedenen Krankenhäusern der Region. Nach Abschluss des Medizinstudiums, Promotion und Absolvierung der sogenannten Medizinalassistentenzeit war Bauer zunächst zwei Jahre als Assistenzarzt im Bereich der Intensiv- und Notfallmedizin tätig. In dieser Zeit war er am Loretto-Krankenhaus Freiburg bei Dr. Ulrich Passmann als Narkosearzt und auf der Intensivstation tätig. Danach war er am Herzzentrum Bad Krozingen bei Professor Helmut Roskamm auf einer der kardiologischen Intensivstationen eingesetzt.

Als Vorbereitung für den Wechsel an die Freiburger Universitätsklinik durchlief Joachim Bauer anschließend ein zweijähriges sogenanntes Postdoc-Training am Biochemischen Institut der Universität Freiburg. Dort war er in der Abteilung von Professor Karl Decker Assistent in der Arbeitsgruppe von Professor Peter C. Heinrich. Bauer beschäftigte sich hier mit Genen, die bei Entzündungen eine Rolle spielen. Gegenstand seiner Arbeit waren die sogenannten Akutphase-Proteine und

Immunbotenstoffe, sogenannte Zytokine. Zusammen mit Peter C. Heinrich und seinen Kollegen Volker Gross und Tilo Andus, mit denen er eine Reihe von wissenschaftlichen Publikationen veröffentlichte, war Bauer an der Entdeckung des Immunbotenstoffes Interleukin-6 beteiligt.

Seine Ausbildung zum Facharzt für Innere Medizin durchlief Joachim Bauer bei Professor Wolfgang Gerok an der Inneren Universitätsklinik Freiburg. Er war in dieser Zeit auf verschiedenen klinischen Stationen und in der Notfallaufnahme der Uniklinik eingesetzt. Neben der Arbeit als Arzt leitete er ein eigenes molekularbiologisches Labor und setzte seine Forschungstätigkeit im Bereich der Immunologie fort. 1988 und 1989 war Bauer Research Associate bei Professor George Acs am Mount Sinai Medical Center in New York City. 1990 wurde er im Fach Innere Medizin von Wolfgang Gerok habilitiert.

Interesse an Wechselwirkungen zwischen dem Immunsystem einerseits und Gehirn und Psyche andererseits waren der Grund, warum Joachim Bauer an die Abteilung Allgemeine Psychiatrie zu Professor Mathias Berger wechselte, um eine zweite Ausbildung zum Facharzt für Psychiatrie und Psychotherapie zu durchlaufen. Bauer baute auch hier, neben seiner Arbeit als Arzt und später als Oberarzt, wissenschaftliche Labors auf, in denen er Wechselwirkungen zwischen Genen des Immunsystems und Genen des Gehirns untersuchte. Bauer entdeckte die Beteiligung immunologischer Prozesse bei der Depression und bei der Alzheimer-Krankheit, worauf er von der Deutschen Gesellschaft für Biologische Psychiatrie mit einem Wissenschaftspreis geehrt und von der Universität Freiburg auf eine Professur für Psychoneuroimmunologie berufen wurde. Bauer ist auch für das Fach Psychiatrie habilitiert. Er ist zudem anerkannter Psychotherapeut (psychodynamische Psychotherapie und Verhaltenstherapie). Seine Lehranalyse machte er bei Dr. Menachem Amitai.

Im Jahre 2000 wechselte Professor Joachim Bauer zu Professor Michael Wirsching an die Abteilung Psychosomatische Medizin der Universitätsklinik Freiburg, wo er, wie schon zuvor in der Abteilung Psychiatrie, die Ambulanz leitete. Hier befasste sich Bauer mit dem Transfer neurowissenschaftlicher Erkenntnisse in die Arbeitswelt und in die Pädagogik. Im Rahmen eines von der Bundesanstalt für Arbeitsschutz und Arbeitsmedizin (BAuA) in Berlin unterstützten wissenschaftlichen Projektes entwickelte Bauer das bundesweit bekannt gewordene »Lehrercoaching nach dem Freiburger Modell«. Dabei handelt es sich um ein Manual-gestütztes Kompetenztraining für schulische Lehrkräfte, welches Erkenntnisse der modernen Sozialen Neurowissenschaften zur Grundlage hat und darauf abzielt, die Unterrichtsqualität zu verbessern und die Lehrkräftegesundheit zu schützen. Nachdem wissenschaftliche Begleitstudien die Wirksamkeit des Programms nachweisen konnten, wurde das Programm vom Kultusministerium Baden-Württemberg in den Kanon seiner Weiterbildungsmaßnahmen aufgenommen und wird seither allen schulischen Lehrkräften angeboten.

Im Jahr 2012 begann eine interdisziplinäre Zusammenarbeit von Joachim Bauer mit Archäologen der Universität Freiburg und der Freien Universität Berlin zum Thema Sesshaftwerdung des Menschen. Ausgangspunkt dieser Zusammenarbeit war eine an Bauer ergangene Einladung der Templeton Foundation zur Teilnahme an einem Internationalen

Workshop im Oktober 2012 in Urfa in der Nähe von Göbekli Tepe, wo der deutsche Archäologe Klaus Schmidt früheste Spuren menschlicher Sesshaftwerdung entdeckt hatte. Der Workshop führte Archäologen, Neurowissenschaftler und Anthropologen zusammen, um sich mit den Umständen der menschlichen Sesshaftwerdung vor circa 12.000 Jahren zu befassen. Die bis heute anhaltende Zusammenarbeit führte zu mehreren viel beachteten wissenschaftlichen Publikationen Bauers mit der Archäologin Marion Benz und dem Archäologen Hans-Georg Gebel.

Joachim Bauer war Teilprojektleiter in insgesamt vier verschiedenen Sonderforschungsbereichen (SFBs) der Deutschen Forschungsgemeinschaft (DFG). Er publizierte weit über 100 wissenschaftliche Arbeiten in anerkannten, überwiegend englischsprachigen wissenschaftlichen Zeitschriften. Bauer ist Autor zahlreicher Sachbücher, welche die Bedeutung neurowissenschaftlicher Erkenntnisse für die Medizin, für die Pädagogik, für das Leben am Arbeitsplatz und für das gesellschaftliche Zusammenleben darstellen.

Seit 2018 lebt und arbeitet Professor Joachim Bauer in Berlin, wo er eine Gastprofessur an der International Psychoanalytic University (IPU) innehat und als Lehrtherapeut und Supervisor an einem Ausbildungsinstitut für Psychotherapeut:innen (Lehr- und Forschungsinstitut der Deutschen Akademie für Psychoanalyse) tätig ist. Für den Berliner Senat führt Professor Joachim Bauer Fort- und Weiterbildungsmaßnahmen für schulische Lehrkräfte durch. Bauer ist Mitglied der Berliner Ärztekammer und führt eine kleine psychotherapeutische Privatpraxis.

Literatur

Aguilera, M. et al.: Early Adversity and 5-HTT/BDNF Genes: New Evidence of Gene–Environment Interactions on Depressive Symptoms in a General Population. Psychological Medicine 39: 1425 (2009)

Asch, S.: Studies of Independence and Conformity: A Minority of One Against a Unanimous Majority. Psychological Monographs: General and Applied, 70: 1 https://doi.org/10.1037/h0093718 (1956)

Banakou, D. et al.: Virtual Body Ownership and Its Consequences for Implicit Racial Bias Are Dependent on Social Context. The Royal Society Open Science 7: 201848 (2020)

Barsalou, L.W.: Challenges and Opportunities for Grounding Cognition. Journal of Cognition 3:31 (2020)

Bauer, J.: Prinzip Menschlichkeit: Warum wir von Natur aus kooperieren. Heyne TB (2008)

Bauer, J.: Das kooperative Gen. Evolution als kreativer Prozess. Heyne TB (2010)

Bauer, J.: Das Gedächtnis des Körpers. Wie Beziehungen und Lebensstile unsere Gene steuern. Piper TB (2013)

Bauer, J.: Arbeit – Warum sie uns glücklich oder krank macht. Heyne TB (2013)

Bauer, J.: Schmerzgrenze: Vom Ursprung alltäglicher und globaler Gewalt. Heyne TB (2013)

Bauer, J.: Warum ich fühle, was du fühlst. Intuitive Kommunikation und das Geheimnis der Spiegelneurone. Überarbeitete Ausgabe. Heyne TB (2016). Ersterscheinungsdatum des Hardcovers war 2005 bei Hoffmann und Campe.

Bauer, J.: Das empathische Gen. Humanität, das Gute und die Bestimmung des Menschen. Herder Verlag (2021)

Bauer, J.: Wie wir werden, wer wir sind. Die Entstehung des menschlichen Selbst durch Resonanz. Heyne TB (2022)

Bauer, J.: Fühlen, was die Welt fühlt: Die Bedeutung der Empathie für das Überleben von Menschheit und Natur. Heyne TB (2023)

Bauer, J. et al.: Murine Interleukin-1 Stimulates Alpha2-Macroglobulin. FEBS Letters 190 :271 (1985)

Bauer, J. et al.: Regulation of Interleukin-6 Expression in Cultured Human Blood Monocytes and Monocyte-Derived Macrophages. Blood 72:1134 (1988)

Bauer, J. et al.: Regulation of Interleukin-6 Receptor Expression in Human Monocytes and Monocyte-Derived Macrophages: Comparison with the Expression in Human Hepatocytes. The Journal of Experimental Medicine 170: 1537 (1989)

Bauer, J. et al.: Interleukin-6 and Alpha2-Macroglobulin Indicate an Acute Phase State in Alzheimer's Disease Cortices. FEBS Letters 285: 111 (1991)

Bauer, J. et al.: In-Vitro Matured Human Macrophages Express Alzheimer's BetaA4-Amyloid Precursor Protein Indicating Synthesis in Microglial Cells. FEBS Letters 282:335 (1991)

Bauer, J. et al.: Human Hepatocytes Respond to Inflammatory Mediators and Excrete Bile. Hepatology 13:1131 (1991)

Bauer, J. et al.: Effects of Interleukin-1 and Interleukin-6 on Metallothionein and Amyloid Precursor Protein Expression in Human Neuroblastoma Cells. Journal of Neuroimmunology 45:163 (1993)

Bauer, J. et al.: Induction of Cytokine Synthesis and Fever Suppresses REM Sleep and Improves Mood in Patients with Major Depression. Biological Psychiatry 38: 611 (1995).

Bauer, J. et al.: Correlation between Burnout Syndrome and Psychological and Psychosomatic Symptoms among Teachers. International Archives of Occupational and Environmental Health 79: 199 (2006)

Bauer, J. et al.: Working conditions, Adverse Events and Mental Health Problems in A Sample of 949 German Teachers. International Archives of Occupational and Environmental Health 80: 442 (2007)

Bauer, J.: Beziehungen gestalten – Konflikte entschärfen. Coaching für Lehrergruppen. Ein Manual. Psychologie Heute compact: 90–95 (2007)

Bauer, J. und Benz, M.: Neurobiology Meets Archaeology: The Social Challenges of the Neolithic Process. Neo-Lithics 2/13 (2013)

Beard, C.L. et al.: Age of Initiation and Internet Gaming Disorder: The Role of Self-Esteem. Cyberpsychology, Behaviour, and Social Networking. DOI 10.1089/cyber.2017.0011 (2017)

Bender, E.M. and Gebru, T. et al.: On the Dangers of Stochastic Parrots: Can Language Models Be Too Big? Proceedings of the 2021 ACM Conference on Fairness, Accountability, and Transparency. DOI:10.1145/3442188.3445922 (2021)

Benz, M. und Bauer, J.: Aligning People: The Social Impact of Early Neolithic Medialities. Neo-Lithics 21:7 (2021).

Bostrom, N.: Are You Living in a Computer Simulation? Philosophical Quarterly 53: 243 (2003)

Bostrom, N.: A History of Transhumanist Thought. Journal of Evolution and Technology 14: 1 (2005)

Bostrom, N.: Superintelligenz. Szenarien einer kommenden Revolution. Suhrkamp Verlag Berlin (2016). Die englische Originalausgabe erschien 2013 bei Oxford University Press.

Braeunig, M. et al.: Factors Influencing Mental Health Improvements in School Teachers. PLOS ONE 13:e0206412. doi: 10.1371/journal.pone.0206412 (2018)

Bratman, G.N. et al.: Nature Experience Reduces Rumination and Subgenual Prefrontal Cortex Activation. PNAS 112: 8567 (2015)

Breit, M. et al.: Students' intelligence test results after six and sixteen months of irregular schooling due to the COVID-19 pandemic. PLOS ONE doi.org/10.1371/journal.pone.0281779 (2023)

Bühring, P.: Einsamkeit und soziale Isolation. *Deutsches Ärzteblatt* 119: A1184 (2022)

Chalmers, David J.: Reality+. Virtual Worlds and the Problems of Philosophy. Penguin Randomhouse (2022). Hinweis: Alle Referenzen und Zitate beziehen sich auf die englische Originalausgabe. Die im Juni 2023 erschienene deutsche Ausgabe dieses Buches lag, als dieses Buch geschrieben wurde, noch nicht vor.

Drechsler, R.: Wenn nur noch Algorithmen prüfen, ob wirklich alles richtig ist. *FAZ* 17. Oktober (2022)

Edershile, E.A. und Wright, A.G.C.: Narcicissm Dynamics. Social and Personality Psychology Compass doi: 10.1177/1088868316685018 (2021)

Eichenberg, C. et al.: Exploration und Berücksichtigung von Medienproblemen in der Psychotherapie von Erwachsenen. Zeitschrift für Psychosomatische Medizin und Psychotherapie 68: 24 (2022)

Facebook Files (2021), nach einem Bericht der *taz* vom 28.10.2021

Fazwi, A. et al.: Discovering Faster Matrix Multiplication Algorithms with Reinforcement Learning. Nature 610: 47 (2022)

Glanz, O. et al.: Real-Life Speech Production and Perception. Scientific Reports DOI 10.1038/s41598-018-26801 (2018)

Goerttler, T. und Siebeck, A.: Der Mensch als Vorbild maschinellen Lernens. In: Hackel, A. und Schöppner, R. (Hrsg.): Automat und Autonomie. Alibri Verlag (2022)

Gorisse, G. et al.: Self-Observation of a Virtual Body-Double Engaged in Social Interaction Reduces Persecutory Thoughts. Scientific Reports 11: 23923 (2021)

Gray, C. et al.: Oscillatory Responses in Cat Visual Cortex Exhibit Intercolumnar Synchronization which Reflects Global Stimulus Properties. Nature 338: 334–337 (1989)

Grunwald, A.: Technologie als Mythos. In: Hackel, A. und Schöppner, R. (Hrsg.): Automat und Autonomie. Alibri Verlag (2022)

Günzler, R.: *Kommen Rührgeräte in den Himmel?* (Film 2016)

Habermas, J.: Ein neuer Strukturwandel der Öffentlichkeit und die deliberative Politik. Suhrkamp Verlag (2022)

Habermas, J.: Reflections and Hypotheses on a Further Structural Transformation of the Political Public Sphere. Theory, Cuture & Society 39: 145 (2022)

Hackel, A. und Schöppner, R.: Automat und Autonomie. Zum Verhältnis von Mensch, Technologie und Gesellschaft. Alibri Verlag (2022)

Halan, S. et al.: A Virtual Reality Embodiement Technique to Enhance Helping Behavior of Police Towards a Victim of Police Racial Aggression. Presence 28: 1 (2021)

Han, Byung-Chul: Undinge. Umbrüche der Lebenswelt. Ullstein, Berlin (2021)

Harari, Y. N.: Homo Deus. Eine Geschichte von Morgen. C.H.Beck Verlag München (2017). Die israelische Originalausgabe erschien 2015.

Heil, C.: Verkauft über Instagram und Snapchat. *FAZ* vom 19. 12. 2022

Heval, C.C.: Deconstructing the Transhumanistic Narrative. Master Thesis. Wirtschafts-Universität Wien (2022)

Hill, R.K.: What an Algorithm Is. Philosophy & Technology 29:35 (2015)

Holt-Lunstad, J. et al: Social Relationships and Mortality Risk: A Meta-Analytic Review. PLoS Med 27: e1000316 (2010)

Hülquist, J. et al.: Resource-Strengthening Training for Parents of Adolescents with Problematic Gaming. International Journal of Environmental Research and Public Health19: 9495 (2022)

Irrgang, B.: On the Consciousness of Robots. International Journal of Applied Research on Informations Technology and Computing 5: 142 (2014)

Irrgang, B.: Merleau-Ponty's Concept of the Unconscious in Perception and the Attempt to Model Cognitive Information Processing in Cognitive Science and Artificial Intelligence. Journal of Philosophical Studies. 41: 195 (2022)

Jenkins, A. C. und Mitchell, J.P.: Medial Prefrontal Cortex Subserves Diverse Forms of Self-Reflection. Social Neuroscience 6: 211 (2010)

Jin, M.J. et al.: Influence of Childhood Trauma and Brain-Derived Neurotrophic Factor Val66Met Polymorphism on Posttraumatic Stress Symptoms and Cortical Thickness. Scientific Reports 9: 6028 (2019)

Kahnemann, D.: Schnelles Denken, langsames Denken. Siedler (2012)

Kanazawa, H. et al.: Open-Ended Movements Structure Sensorimotor Information in the Early Human Development. PNAS DOI 10.1073/pnas.2209953120 (2022)

Kant, Immanuel: Was ist Aufklärung. Berlinische Monatsschrift. Dezember-Heft (1784). Im Netz nachzulesen unter https://www.projekt-gutenberg.org/kant/aufklae/aufkl001.html

Keefe, P.R.: Imperium der Schmerzen. Wie eine Familiendynastie die weltweite Opioid-Krise auslöste. Hanserblau (2022)

Koch, C. et al.: Neural Correlates of Consciousness. Progress and Problems. Nature Review Neuroscience 17:307 (2016)

Koch, C.: Bewusstsein – Warum es weit verbreitet ist, aber nicht digitalisiert werden kann. Springer Verlag (2021). Die englische Originalausgabe erschien 2019.

Köcher, R.: Wie gespalten ist Deutschland. *FAZ* vom 27. Juli 2022

Kouider, S. et al.: A Neural Marker of Perceptual Consciousness in Infants. Science 340: 376 (2013)

Krizan, Z. und Herlache, A.D.: The Narcicissm Spectrum Model: A Synthetic View of Narcissistic Personality. doi: 10.1177/1088868316685018 (2017)

Kropotkin, P.: Gegenseitige Hilfe in der Tier- und Menschenwelt (1902)

Kuhl, P.K. et al.: Infants' Brain Responses to Speech. PNAS 111: 11238 (2014)

Kurzweil, R.: Menschheit 2.0 – Die Singularität naht. Lola Books Berlin (2014). Orig. Viking Press (2005)

Lacey, C. et al.: Self-Guided Virtual Reality for Specific Phobias. Australian & New Zealand Journmal of Psychiatry. DOI: 10.1177/00048674221110779 (2022)

Lagercrantz, H., Changeux, J.P.: The Emergence of Human Consciousness: From Fetal to Neonatal Life. Pediatric Research 65: 255 (2009)

Lang, B.: Himmel, Hölle, Paradies. Jenseitswelten von der Antike bis heute. C.H. Beck (2019)

Lange, A.: Von künstlicher Biologie zu künstlicher Intelligenz – und dann? Springer Verlag (2021)

Lanier, Jaron: Zehn Gründe, warum Du Deine Social Media Accounts sofort löschen musst. Hoffmann und Campe (2018)

Lederbogen et al.: City Living and Urban Upbringing Affect Neural Social Stress Processing in Humans. Nature 474: 498–501 (2011)

Lenzen, M.: Der elektronische Spiegel. *Sinn und Form* Heft 5 (2019)

Lenzen, M.: Das Problem der Blackbox. *P.M.* Heft 8 (2022)

Luby, J.L. et al.: Maternal Support in Early Childhood Predicts Larger Hippocampal Volumes at School Age. PNAS 109: 2854 (2012)

Ma, Y. et al.: Sociocultural Patterning of Neural Activity during Self-Reflection. Social Cognitive and Affective Neuroscience 9: 73 (2014)

Malthus, T.R.: An Essay on the Principle of Population. J. Johnson, London (1798)

Marks, S.: Warum folgten sie Hitler? – Die Psychologie des Nationalsozialismus. Patmos (2007)

Marselle, M.R. et al.: Urban Street Tree Biodiversity and Antidepressant Prescriptions. Nature Scientific Reports 10: 22445 (2020)

Mayr, E.: Die Biologie ist keine zweite Physik. *Die Welt* vom 3. Juli 2004

Mitchell, J. et al.: The Link Between Social Cognition and Self-Referential Thought in the Medial Prefrontal Cortex. Journal of Cognitive Neuroscience 17: 1306 (2005)

Mittelstadt, B.D. et al.: The Ethics of Algorithms: Mapping the Debate. Big Data & Society. DOI 10.1177/205395 1716679679 (2016)

More, M.: The Philosophy of Transhumanism. In: More, M. und Vita-More, N. (Hrsg.). The Transhumanist Reader. John Wiley and Sons (2013)

Muenchhausen, S. von et al.: Teacher Self-Efficacy and Mental Health – Their Intricate Relation to Professional Resources and Attitudes in an Established Manual-Based Psychological Group Program. Frontiers in Psychiatry, 12. https://doi.org/10.3389/fpsyt.2021.510183 (2021)

Neu, C. et al.: Extrem Einsam. www.progressives-zentrum.org/project/kollekt (Februar 2023)

Nezik, A.-K.: »Ich denke schon, antwortet der Rechner«. *Die Zeit* vom 12. Januar 2023

Nummenmaa, L. et al.: Bodily Maps of Emotions. PNAS 111: 646-651 (2013)

Paschke, K. et al.: Medienbezogene Störungen im Kindes- und Jugendalter. Zeitschrift für Kinder- und Jugendpsychiatrie und Psychotherapie 48: 303 (2020)

Paschke, K. et al: Adolescent Gaming and Social Media Usage before and during the COVID-19 Pandemic. Sucht 57: 13 (2021)

Paschke, K. et al.: International Classification of Diseases-11-Based External Assessment of Social Use Disorder in Adolescents. Cyberpsychology, Behavior, and Social Networking. DOI: 10.1089/cyber.2022.0020 (2022)

Popper, K.: Logik der Forschung, 11. Auflage, Mohr Siebeck (2005)

Rauschert, C. et al.: Konsum psychoaktiver Substanzen in Deutschland. Deutsches Ärzteblatt 119: 527 (2022)

Ravens-Sieberer, U. et al: Seelische Gesundheit und Gesundheitsverhalten von Kindern und Eltern während der COVID-19-Pandemie. *Deutsches Ärzteblatt* 119: 436 (2022)

Renner, M.J. und Rosenzweig, M.R.: Enriched and Impoverished Environments. Springer Heidelberg (1987)

Rosa, H.: Social Media Filters and Resonances: Democracy and the Contemporary Public Sphere. Theory, Culture & Society 39: 17 (2022)

Rose, U. et al.: Intention as an Indicator for Subjective Need: A New Pathway in Need Assessment. Journal of Occupational Medicine and Toxicology 5:20 (2010)

Rumpf, H.-J. et al.: Empfehlungen der Expertengruppe zur Prävention von internetbezogenen Störungen. Sucht 63: 217 (2017)

Schino, S. et al.: Takotsubo Syndrome: The Secret Crosstalk between Heart and Brain. Reviews in Cardiovascular Medicine. https://doi.org/10.31083/j.rcm2401019 (2023)

Schokkenbroek, J.M. und Koll.: Phubbed and Curious. Computers in Human Behavior 137: 107425 (2022)

Seinfeld, S. et al.: Offenders Become the Victim in Virtual Reality. Scientific Reports 8:2692 (2018)

Shapiro, J. A.: Evolution: A View from the 21st Century. FT Press (2011, updated Second Edition 2022)

Sharma, A. et al.: Human-AI Collaboration Enables More Empathic Conversations in Txt-Based Peer-to-Peer Mental Health Support. Nature Machine Intelligence. DOI.org/10.1038/s42256-022-00593-2 (2022)

Singer, W.: Time as Coding Space? Current Opinion in Neurobiology 9: 189 (1999)

Singer, W.: A Naturalistic Approach to the Hard Problem of Consciousness. Frontiers in Systems Neuroscience DOI 10.3389/fnsys.2019.00058 (2019)

Sioni, S.R. et al.: Internet Gaming Disorder. Social Phobia and Identifying with Your Virtual Self. Computers in Human Behavior 71:11 (2017)

Slater, M. et al.: The Ethics of Realism in Virtual and Augmented Reality. Frontiers in Virtual Reality. DOI: 10.3389/frvir.2020.00001 (2020)

Somerville, L.H. et al.: Self-Esteem Modulates Medial Prefrontal Cortical Responses to Evaluative Social Feedback. Cerebral Cortex 20: 3005 (2010)

Spiekermann, S.: Zum Unterschied zwischen künstlicher und menschlicher Intelligenz und den ethischen Implikationen der Verwechslung. Philosophisches Handbuch Künstliche Intelligenz. Springer Verlag (2022)

Spitzer, M.: Digital, automatisch – unbehaglich, gefährlich. Nervenheilkunde 40: 588 (2021)

Spitzer, M.: Zehn Jahre Digitale Demenz. Nervenheilkunde 41:733 (2022a)

Spitzer, M.: Digitalisierung in Kindergarten und Grundschule schadet der Entwicklung, Gesundheit und Bildung von Kindern. Nervenheilkunde 41: 797 (2022b)

Stavropoulos, V. et al.: Being There: A Preleminary Study Examining the Role of Presence in Internet Gaming Disorder. International Journal of Mental Health and Addiction 17: 880 (2019)

Stephens, G.J. et al.: Speaker-Listener Neural Coupling Underlies Successful Communication. PNAS 107: 14425 (2010)

Stephenson, N.: Snow Crash. Goldmann (2002). Dieser legendäre US-amerikanische Science-Fiction-Roman erschien erstmals 1992.

Szolin, K. et al.: Gaming Disorder: A Systematic Review Exploring the User-Avatar Relationship in Videogames. Computers in Human Behavior 128: 107124 (2022)

Thomas, T. T. und Koll.: Phubbing in Romantic Relationships and Retaliation. Computers in Human Behavior 137: 107398 (2022)

Tost, H. et al.: Environmental Influence in the Brain, Human Welfare and Mental Health. Nature Neuroscience 18(10): 1421. doi:10.1038/nn.4108 (2015)

Tost, H. et al.: Neural Correlates of Individual Differences in Affective Benefit of Real-Life Urban Green Space Exposure. Nature Neuroscience doi.org/10.1038/s41593-019-0451-y (2019)

Trump, M.L.: Too Much and Never Enough. Simon & Schuster (2020)

Twenge, J. et al.: Less In-Person Social Interaction with Peers. Journal of Social and Personal Relationships 36: 1892 (2019)

Twenge, J.: Teens Are Lonelier Than Ever. https://ifstudies.org/blog/teens-are-lonelier-than-ever-what-do-smartphones-have-to-do-with-it (2021)

Twenge, J. et al.: Worldwide Increases in Adolescent Loneliness. Journal of Adolescence 93: 257 (2021)

Twenge, J. et al.: Social Media Is Riskier for Kids than Screen Time. *The Washington Post* vom 16. Februar 2022

Unterbrink, T. et al.: Burnout and Effort-Reward-Imbalance in a Sample of 949 German Teachers. International Archives of Occupational and Environmental Health 80: 433 (2007)

Unterbrink, T. et al.: Parameters Influencing Health Variables in a Sample of 949 German Teachers. International Archives of Occupational and Environmental Health 82: 117 (2008)

Unterbrink, T. et al.: Improvement in School Teachers' Mental Health by a Manual-Based Psychological Group Program. Psychotherapy and Psychosomatics 79 (4): 262 (2010)

Van Dyk, S.: Post-Truth, the Future of Democracy and the Public Sphere. Theory, Culture & Society 39: 37 (2022)

Wartberg, L. et al.: The Relevance of Emotion Regulation, Procrastination, and Perceived Stress for Problematic Social Media Use in A Representative Sample of Children and Adolescents. Computers in Human Behavior 121: 106788 (2021)

Zimmermann, L. et al.: Mental Health and Patterns of Work-Related Coping Behaviour in a German Sample of Student Teachers: A Cross-Sectional Study. International Archives of Occupational and Environmental Health 85(8):865 DOI 10.1007/s00420-011-0731-7 (2011)

Anmerkungen

1 Extreme Formen geistiger Abwesenheit begegnen uns in der Medizin. Schwer traumatisierte Menschen können Phasen einer vorübergehenden völligen geistigen Abwesenheit erleben, die als Dissoziation bezeichnet wird. Negative Veränderungen oder Beschädigungen der Realität des Menschen können also Abwendungsreaktionen zur Folge haben, die sich als Verminderung der mentalen Präsenz zeigen können, im Extremfall bis hin zum Verlust der Wahrnehmung der Realität.

2 Bad Aibling, 9. Februar 2016.

3 Chalmers (2022).

4 Byung-Chul Han (2021).

5 Kant (1784).

6 The brain simulation is a digital system running on a computer. ... There is no general reason why digital systems cannot be conscious«. (Chalmers, 2022, Seite 287).

7 »The year is 2095. Earth's surface is a wreck, a casualty of nuclear warfare and of climate change. You could live a hardscrabble existence here, avoiding gangs and dodging mines, with your main aspiration being survival. Or you could lock your physical body in a well-protected warehouse and enter a virtual world.« (Chalmers, 2022, Seite 311).

8 Gegen diese Logik könnte man allerdings einwenden, dass die Entsorgung älterer, aber noch brauchbarer Produkte der zweifelhaften Logik einer auf maximalen Konsum und auf hohen Ressourcenverbrauch ausgerichteten Wirtschaft entspringt. Der Berliner Filmemacher und Buchautor Reinhard Günzler hat zu diesem Thema einen 2016 in die Kinos gekommenen wunderbaren, witzigen Film gemacht (*Kommen Rührgeräte in den Himmel?*).

9 Ausführliche Erläuterungen zum »Brain in the Vat« finden sich bei Chalmers (2022).

10 Dass die Räume gekühlt sein müssen, ist kein Merkmal der von Maschinen wahrgenommenen äußeren Realität, sondern eine Grundvorausset-

zung ihrer Funktion. Die gleiche Rolle spielt eine angemessene Umgebungstemperatur übrigens auch beim Menschen.

11 Simulieren = So tun, als ob.

12 Selbstverständlich kann man Computer darauf trainieren, auf entsprechende Fragen zu sagen, sie seien einsam.

13 Menschen können die ihnen durch Geburt mitgegebene Fähigkeit zu fühlen durch Traumatisierung allerdings verlieren und fühlen sich dann, wie sie selbst sagen, manchmal, als seien sie eine Maschine.

14 Den Resonanzen zwischen Mensch und Natur, von denen schon Charles Darwin wusste, habe ich ein eigenes Buch gewidmet (»Fühlen, was die Welt fühlt«, 2020).

15 Nummenmaa und Koll. (2013).

16 Kanazawa und Koll. (2022).

17 Barsalou (2020).

18 Ernst Mayr (1904–2005) stammte aus dem Allgäu, wechselte in jungen Jahren in die USA und war Professor für Biologie an der Harvard University. Das Zitat stammt aus einem mit ihm geführten und in der »Welt« vom 3. 7. 2004 publizierten Interview.

19 Zum Beispiel Richard Dawkins, Autor des Weltbestsellers »Das egoistische Gen«.

20 Im Mount Sinai Medical Center, einer renommierten Forschungseinrichtung und Universitätsklinik in New York City.

21 Das Bild, dass Gene eine Klaviatur sind, auf der das Leben spielt, habe ich in meinem erstmals 2002 erschienenen Buch »Das Gedächtnis des Körpers – Wie Beziehungen und Lebensstile unsere Gene steuern« benutzt. Damals war diese Sichtweise noch sehr ungewohnt, heute ist sie Mainstream.

22 Jedes Gen besteht aus einer Perlenkette von biochemischen Buchstaben, deren Reihenfolge eine Art Text darstellt und eine Information beinhaltet. Die in einem Gen enthaltene Information ist der Bauplan für ein bestimmtes Eiweißmolekül. Eiweißmoleküle sind sozusagen die Verkehrspolizisten des Körpers, sie regeln den Stoffwechsel. Sie werden auch Proteine genannt. Kleine Proteine heißen Peptide. Da manche Gene auf verschiedene Weise abgelesen werden können, kann es auch vorkommen, dass *ein* Gen den Bauplan nicht nur für ein, sondern für *zwei* Eiweißmoleküle enthält. Manche Proteine werden nach ihrer Herstellung noch in mehrere gespalten. Diese Umstände erklären, warum es beim Menschen etwa 23.000 Gene, aber etwa 30.000 Eiweißmoleküle gibt.

23 Der Teil des Gens, der den Bauplan für die Herstellung eines Eiweißes enthält, wird »kodierende Region« genannt. Der Genschalter wird als »regulatorische Sequenz« bezeichnet. Jedes Gen kann mehrere Genschalter vorgeschaltet haben. Es gibt zwei Sorten von Genschaltern, »Promoter« und »Enhancer«.

24 Der Stoff, aus dem Gene und Genschalter gemacht sind, ist die Desoxyribonukleinsäure (DNS, englisch DNA).

25 Diese Signalbotenstoffe heißen »Transkriptionsfaktoren«.

26 Als Folge davon wird entsprechend mehr oder weniger des jeweiligen Eiweißmoleküls produziert.

27 Dies geschieht durch kleine Strukturveränderungen an der Außenfläche der DNS im Bereich des Genschalters: Dort können kleine Methylgruppen (CH_3) angehängt werden, ähnlich wie die kleinen Schlösser, die Verliebte an manche Brücken hängen. Diese Anhängsel an den Genschalter sind stabil, können aber auch wieder entfernt werden.

28 Siehe dazu mein Buch »Das kooperative Gen«.

29 Die meisten Menschen kennen die Bedeutung des Insulins, eines Eiweißmoleküls, welches die Bauchspeicheldrüse herstellt, nachdem wir Zucker (oder Kohlenhydrate, die zu Zucker abgebaut werden) zu uns genommen haben. Die genau angepasste Regulation der Aktivität des Insulin-Gens ist von lebenswichtiger Bedeutung. Klappt sie nicht – wie beim weitverbreiteten Diabetes Typ 2 –, dann müssen die Betroffenen ihren Lebensstil ändern (körperliche Bewegung, Gewichtsabnahme, Diät) und bei Bedarf Medikamente (wie zum Beispiel künstlich hergestelltes Insulin) nehmen.

30 Luby und Koll. (2012); Aguilera und Koll. (2009); Jin, J. und Koll. (2019). Siehe auch Renner und Rosenzweig (1987).

31 Diese in der Psychosomatischen Medizin schon lange bekannte Tatsache wird langsam auch außerhalb ihres Fachgebietes anerkannt: »Social interactions lead to the emergence of a novel class of realities, the immaterial and social realities« (so der renommierte »Hardcore«-Neurowissenschaftler Wolf Singer, 2019).

32 Bauer (2021).

33 Die Fachbezeichnung für die Kombination von reduzierter emotionaler und neuronaler Resonanzfähigkeit und technisch-mathematischer Spezialbegabung ist »Asperger-Syndrom«.

34 Siehe zum Beispiel https://www.sap.com/germany/about/careers/your-career/autism-at-work-program.html.

35 *Warum ich fühle, was du fühlst* (27. Auflage, Heyne 2016). Ersterscheinungsdatum dieses Buches war 2005.
36 »The mirror mechanism connects brains.« Irrgang (2014).
37 Ich habe den dazu vorliegenden Stand der Forschung in meinem Buch *Wie wir werden, wer wir sind* (Heyne 2022) wiedergegeben.
38 Lagercrantz und Changeux (2009).
39 Dazu zählen unter anderen Strukturen wie die Corpora amygdalea, die »Stressachse« (Hypothalamus-Hypophysen-Nebennierenrinden-Achse) der Anteriore Cinguläre Cortex und die Insulae.
40 Diese Zone trägt den Namen Ventromedialer Präfrontaler Cortex, abgekürzt vmPFC.
41 Mitchell und Koll. (2005), Ma und Koll. (2014). Siehe auch Jenkins und Mitchell (2010). Die Entdeckung der Überlappung der neuronalen Korrelate von »Selbst«, »signifikanter Anderer« und »Wir« beruht auf Untersuchungen mit funktioneller Kernspintomografie. Ich habe diese überaus wichtigen Forschungsergebnisse in mehreren meiner Bücher dargestellt, zuletzt in *Wie wir werden, wer wir sind* (Heyne, 2022).
42 Eine besondere Rolle für die Fähigkeit, zwischen Selbst und Anderer zu unterscheiden, spielen neuronale Netzwerke im Bereich der sogenannten Parieto-Temporal Junction (TPJ).
43 Somerville und Koll. (2010).
44 Einer meiner Patienten, ein junger Student, wurde von seiner Freundin, mit der er eine mehrjährige Beziehung geführt hatte, sehr plötzlich verlassen. Die Ex-Freundin verweigerte das Gespräch. Wenige Tage nach Abbruch der Beziehung verursachte der Patient, der mit Abwesenheitszuständen reagierte, einen Auffahrunfall, der ihn veranlasste, zu mir in Therapie zu kommen.
45 Über diesen Vorgang wurde in der internationalen Presse vielfach berichtet, eine besonders ausführliche Darstellung brachte in ihrer Ausgabe vom 12. Januar 2023 *Die Zeit*.
46 Twenge (2019); Spitzer (2022 a und b).
47 Rumpf und 23 Kolleg:innen (ohne Manfred Spitzer) aus 20 deutschsprachigen Kompetenzzentren (2017).
48 Ich meine die »Ständige Wissenschaftliche Kommission« SWK, welche die Kultusministerkonferenz (KMK) berät. Nicht nur Kinderärzt:innen und Kinder- und Jugendpsychiater:innen auch Lehrer:innen-Verbände sind über die Empfehlungen, die diese Kommission in letzter Zeit abgegeben hat, entsetzt.

49 Eine ganz ausgezeichnete Übersicht dazu findet sich bei Axel Lange (2021).

50 Siehe dazu den Informationswissenschaftler Ramesh Srinivasan von der Universität Los Angeles in einem Interview der *FAZ* vom 13. Februar 2023.

51 Siehe dazu Christina Berndt in der *Süddeutschen Zeitung* vom 17. Februar 2023.

52 Twenge und Koll. (2021); Bühring (2022); Neu und Koll. (2023).

53 Rauschert und Koll. (2022). Siehe auch Keefe (2022) und Heil (2022).

54 Holt-Lunstad und Koll. (2010).

55 Der Name der Patientin wurde von mir hier verändert. Die Familie zog einige Monate später nochmals um und lebt nicht mehr in Berlin.

56 Jugendsprache, abgeleitet von »disrespect«.

57 Es handelte sich um eine dissoziative Bewegungsstörung.

58 Ich habe die wissenschaftliche Datenlage zum Thema menschliche Grundmotivationen in meinen Büchern *Prinzip Menschlichkeit – Warum wir von Natur aus kooperieren*, *Schmerzgrenze – Vom Ursprung alltäglicher und globaler Gewalt* sowie *Das kooperative Gen* mit jeweils umfangreichen wissenschaftlichen Quellennachweisen dargelegt. Ein Aggressionstrieb, also ein spontanes Bedürfnis, anderen Menschen Schaden zuzufügen, ohne dass man provoziert wurde, existiert nicht. Auch Charles Darwin kannte keinen »Aggressionstrieb«, wie ihn Sigmund Freud erstmals 1920 formulierte. Auch Konrad Lorenz lag in dieser Frage aus heutiger Sicht falsch, was die großen wissenschaftlichen Verdienste von Freud und Lorenz auf anderen Gebieten keinesfalls schmälert. Auch wenn sie kein »Trieb« ist, ist die Aggression eines der Hauptprobleme der Menschheit, siehe dazu mein Buch *Schmerzgrenze*.

59 Die Anwesenheit eines anderen Menschen in Anspruch zu nehmen, ohne ihm die eigene volle Präsenz zu widmen, bezeichnen Psychologen als »narzisstische Ausbeutung«: Man nimmt den (narzisstischen) Wohlfühleffekt der Präsenz des Anderen in Anspruch, ohne reziprok selbst etwas zu geben. Diese Beziehungsstörung tritt, unabhängig von Smartphones und Social Media, bevorzugt dort auf, wo zwischen den Beteiligten ein Machtgefälle besteht, also zwischen Eltern und Kindern, zwischen Vorgesetzten und Untergebenen sowie zwischen Paaren, in denen der eine Partner den anderen in Abhängigkeit wähnt.

60 »Es ist das Leben, das uns die Fragen stellt, wir haben zu antworten.« Interessierten, die mit dem Denken des 1997 verstorbenen Viktor Frankl

noch nicht in Berührung gekommen sind, empfehle ich das im Jahre 2019 im Beltz Verlag erschienene kleine Buch *Über den Sinn des Lebens*, zu dem ich das Vorwort geschrieben habe. Es enthält drei grundlegende Reden, die Frankl kurz nach seiner Befreiung aus dem KZ in Wien gehalten hat.

61 Schokkenbroek und Kollegen (2022).

62 Thomas und Kollegen (2022).

63 Falls einige Leserinnen oder Leser die Funktionsweise von sozialen Netzwerken nicht kennen sollten, empfehle ich einen bei Youtube veröffentlichten Vortrag »Wie Medien und soziale Netzwerke uns verändern«, den ich bei der Arbeiterkammer Vorarlberg gehalten habe. Dort habe ich die Funktionsweise dieser Systeme ausführlich erklärt. Siehe https://www.youtube.com/watch?v=2XMq5jcPG9g.

64 *Der Spiegel*, 15. 10. 2022.

65 Eichenberg und Koll. (2022).

66 Ein intelligentes und informatives Buch, leider mit einem vielleicht nicht ganz so intelligenten Buchtitel, ist Jaron Laniers im Jahre 2018 erschienener Reader *Zehn Gründe, warum Du Deine Social Media Accounts sofort löschen musst*. Dieses Buch ist nach wie vor aktuell.

67 Sehr informativ ist der über Netflix zu beziehende, 2020 erschienene Dokumentarfilm über die sozialen Netzwerke von Jeff Orlowski mit dem Titel *The Social Dilemma*.

68 2008 wurde MySpace von Facebook an Mitgliedern überholt und spielte dann keine Rolle mehr.

69 Als »Feeds« wird alles bezeichnet, was einem auf die Seite seines Social-Media-Kontos zugesandt wird: nicht nur Werbung, sondern auch Texte und Bilder von Freunden, Bekannten und anderen Absendern.

70 Auf der chinesischen Social-Media-Plattform Tiktok gibt die chinesische Regierung vor, welche Nachrichten gezeigt werden und was nicht gezeigt werden darf.

71 Siehe dazu Rosa (2022), Habermas (2022), Van Dyk (2022).

72 Die Situation erinnert an einen sarkastischen psychoanalytischen Witz: Ein Mann, der seine Frau jahrelang regelmäßig geschlagen hat, ohne dass sie ihn verließ, stellt sein kriminelles Verhalten plötzlich ein, worauf seine Frau sich beschwert: »Was soll das? Was ist denn jetzt los?! Liebst du mich nicht mehr?!«

73 JIM-Studie 2021.

74 Repräsentative Studie »Mediensucht – Wie nutzen Kinder und Jugendliche Gaming, Social Media und Streaming?«, durchgeführt vom »Deut-

schen Zentrum für Suchtfragen des Kindes- und Jugendalters« DZSKJ des Uniklinikums Hamburg (Leitung Professor Rainer Thomasius) in Zusammenarbeit mit der Deutschen Angestellten Krankenkasse DAK, vorgelegt am 14. März 2023.

75 16,4 % der Kinder und Jugendlichen, dies entspricht 865.300 jungen Menschen, zeigen eine »riskante« Nutzung mit einer durchschnittlichen täglichen Nutzungszeit von 260 Minuten. 6,7 % der Kinder und Jugendlichen, dies entspricht einer Zahl von 353.000, zeigen eine »pathologische« Nutzung mit einer durchschnittlichen täglichen Nutzungszeit von 274 Minuten.

76 In die gleiche Richtung weisen die Zahlen anderer Studien, wie zum Beispiel die »ARD/ZDF-Onlinestudie 2022«.

77 DAK-Längsschnittstudie »Mediensucht 2020«.

78 DAK-Längsschnittstudie »Mediensucht 2020«. Sowohl bei Kindern und Jugendlichen als auch bei ihren Eltern nannten rund 90 % als Motiv die Suche nach sozialem Kontakt, was banalerweise zu erwarten war.

79 JIM-Studie 2021.

80 Twenge, J. und Koll. (2019).

81 Paschke und Koll. (2022).

82 Siehe nochmals die repräsentative Studie »Mediensucht – Wie nutzen Kinder und Jugendliche Gaming, Social Media und Streaming?«, durchgeführt vom »Deutschen Zentrum für Suchtfragen des Kindes- und Jugendalters« DZSKJ des Uniklinikums Hamburg (Leitung Professor Rainer Thomasius) in Zusammenarbeit mit der Deutschen Angestellten Krankenkasse DAK, vorgelegt am 14. März 2023.

83 JIMplus Studie 2022 (2022).

84 Facebook Files (2021); Twenge (2021); Twenge und Koll. (2022).

85 Im Jahr 2021 haben sich 55.000 überwiegend junge Menschen in Deutschland medizinisch nicht erforderlichen kosmetischen Eingriffen unterzogen (*Der Spiegel,* 31. 08. 2022).

86 Friedrich Schiller in »Über die ästhetische Erziehung des Menschen« (1795).

87 »Arbeit – Warum sie uns glücklich oder krank macht« war der Titel und Gegenstand eines von mir verfassten Sachbuches (Bauer, 2013).

88 Albert Einstein bemerkte in seiner Rede auf der Berliner Funkausstellung des Jahres 1930: »Der Urquell aller technischen Errungenschaften ist die göttliche Neugier und der Spieltrieb des bastelnden und grübelnden Forschers.«

89 Ausstattungselemente, die mit dem Aussehen zu tun haben, werden als Skins bezeichnet.

90 Spiele, in denen In-Game-Käufe nicht einfach eine Konsumenten-Option, sondern mit fortschreitenden Schwierigkeitsgraden eine Voraussetzung zum Weiterkommen im Spiel darstellen, werden als »pay-to-win« charakterisiert.

91 Manchmal muss man sich mit echtem Geld nach den Prepaid-Verfahren erst eine Spiel-Währung kaufen, mit der dann bezahlt wird.

92 Die Ausgaben für die Anschaffung bzw. für den Zugang zu Spielen in Deutschland sind deutlich geringer als für In-Game-Käufe und betragen jährlich »nur« einige Hundert Millionen Euro.

93 Wenn mehrere Spiele im gleichen Haushalt spielen, reicht eine direkte Vernetzung aus.

94 Das gilt jedenfalls für fast alle der meistverkauften – und vor allem meistgespielten – Spiele. Selbst im überwiegend zivilen Spiel *Minecraft* wird geschossen und werden Monster vernichtet.

95 Es gibt auch Spiele, die dann beendet sind, wenn das gesamte Team »tot« ist. Dann startet eine neue Runde. Bei manchen Spielen wie zum Beispiel *Fortnite* können einzelne »Abgeschossene« bis zuletzt zuschauen, wer überlebt.

96 Bei vielen Spielen gibt es ein weltweites Ranglistensystem.

97 Im Jahr 2021 durchbrach der Umsatz mit E-Sports in Deutschland die Marke von 100 Millionen Euro, Prognose steigend. Bis Februar 2023 haben die Top Ten der bestverdienenden E-Sport-Profis jeweils mehr als 4 Millionen Euro allein an Preisgeldern gewonnen, berechnet ohne Gehälter, Sponsorenverträge etc. https://de.statista.com/statistik/daten/studie/737326/umfrage/prognose-zum-umsatz-im-esports-markt-in-deutschland/.

98 Computerspiele werden selbstverständlich auch von Mädchen sowie von Frauen gespielt (siehe dazu u. a. ein Interview mit der prominenten US-Gamerin Kate Edward in *Zeit Online* vom 24. Oktober 2019). Bei Kindern und Jugendlichen in Deutschland liegt der Schwerpunkt der Mädchen derzeit bei den sozialen Netzwerken, während die Jungs bei den Computerspielen den deutlich größeren Anteil stellen.

99 Repräsentative Studie »Mediensucht – Wie nutzen Kinder und Jugendliche Gaming, Social Media und Streaming?«, durchgeführt vom »Deutschen Zentrum für Suchtfragen des Kindes- und Jugendalters« DZSKJ des Uniklinikums Hamburg (Leitung Professor Rainer Thomasius) in

Zusammenarbeit mit der Deutschen Angestellten Krankenkasse DAK, vorgelegt am 14. März 2023.

100 11,8 % der Kinder und Jugendlichen im Alter zwischen zehn und siebzehn Jahren, dies entspricht 622.500 jungen Menschen, zeigen eine »riskante« Nutzung mit einer täglichen Nutzungszeit von 180 Minuten. 6,3 % der Kinder und Jugendlichen, das sind 332.400, zeigen eine »pathologische« Nutzung mit einer täglichen Nutzungszeit von 292 Minuten.

101 Angaben für das Jahr 2021.

102 Angaben für das Jahr 2021.

103 DAK- Studie »Mediensucht 2020« (2020). Siehe auch Paschke und Koll. (2020, 2021, 2022), Hülquist und Koll. (2022).

104 Szolin und Koll. (2022).

105 Beard und Koll. (2017).

106 Die Situation eines Gamers gleicht derjenigen einer Testperson in einem berühmten neurowissenschaftlichen Experiment, der sogenannten Rubber Hand Illusion. Beim Gummihand-Illusion- Experiment legt die sitzende Versuchsperson einen Unterarm mitsamt der Hand auf eine vor ihr befindliche Tischplatte. Der Blick auf ihre Hand ist der Versuchsperson allerdings verwehrt, weil, ausgehend vom Rumpf des Probanden, ein nach vorne bis über die Hand des Probanden reichendes Tuch gespannt ist. Das Tuch liegt auf der Hand nicht auf. Es ist in einer Höhe von etwa 15 cm über die Hand gespannt, sodass die Hand vom Tuch nicht berührt wird. Direkt neben der abgedeckten eigenen Hand der Versuchsperson wird ein täuschend echt aussehender Gummiunterarm mitsamt Gummihand so platziert, als könnte sie dem Oberarm des Probanden entsprungen sein. Die Testperson kann die Gummihand sehen, nicht aber den ebenfalls mit einem Tuch abgedeckten Bereich des Gummiunterarms. Nun beginnt das »Spiel«: Der Testperson gegenüber sitzt die Person, die das Experiment leitet. Diese streicht nun, unter den Blicken der Testperson, langsam viele Male immer wieder mit einem Pinsel über verschiedene Stellen der Gummihand. Absolut zeitgleich und an den jeweils identischen Stellen streicht sie mit einem zweiten Pinsel über die reale, abgedeckte Hand der Testperson. Jedes Mal, wenn die Testperson also den Pinsel über die Gummihand streichen sieht, spürt sie simultan den Pinsel auf der realen eigenen Hand, die sie aber nicht sehen kann. Nach einiger Zeit kommt es zu einer Art »Adoption« der Gummihand durch das Gehirn der Testperson. Greift die Versuchsleiterin nun plötzlich nach einem Zirkel, mit dem sie mit voller Wucht in die Gummihand sticht, reagiert die Testperson, während sie mit ihrer eigenen Hand zurückzuckt, nicht nur mit einem fürchterlichen Schrei. Für einen kurzen Moment spürt sie sogar Schmerz.

107 Stavropoulos und Koll. (2018); Szolin und Koll. (2022). Sioni und Koll. (2017) fanden, dass ein hohes Maß an Identifikation Angst- und Depressionssymptome begünstigt.

108 DAK Studie »Mediensucht 2020« (2020). Hülquist und Koll. (2022).

109 Twenge und Koll. (2021).

110 Neu und Kolleginnen (2023).

111 Ravens-Sieberer und Koll. (2022).

112 Szolin und Koll. (2022).

113 Ein prominentes Beispiel unter vielen: Der 1992 erschienene Science-Fiction-Roman *Snow Crash* von Neal Stephenson.

114 Unter einer großen Zahl Filmen, die eine – aus unterschiedlichen Gründen – nicht mehr lebenswerte Realität auf dem Planeten Erde zeigen, seien hier nur vier genannt: Der 1999 auf den Markt gebrachte Science-Fiction-Film *Matrix* von Lilly Wachowski und Lana Wachowski, der eine durch machtgeile Manager, Geldgier und emotionale Kälte beherrschte Welt (die »Matrix«) zeigt, aus der die Hauptfigur Neo durch einen Erlöser namens Morpheus (offensichtlich eine Allegorie auf Jesus Christus) in eine virtuelle Welt »gerettet« wird (die sich, soweit es die Herrschaft digitaler Systeme angeht, ironischerweise von der Matrix-Welt kaum unterscheidet). Der 2018 in die Kinos gekommene Film *Ready Player One* von Steven Spielberg zeigt einen in einer verslumten Gegend in einem Container lebenden Teenager-Gamer namens Wade Owen Watts, der aus der Realität in eine virtuelle Videospiele-Realität namens »Oasis« flüchtet. Der 1998 in die Kinos gekommene Film *The Truman Show* zeigt einen Versicherungsangestellten namens Truman Burbank, dessen Leben derart gleichtönig, gleichsam wie in einer sich täglich wiederholenden Endlosschleife verläuft, sodass er an der Realität der Realität zu zweifeln beginnt und dann tatsächlich feststellt, dass er sich in einer Simulation befindet, aus der er schließlich ausbricht. In James Camerons Film *Avatar: The Way of Water*, der Ende 2022 in die Kinos kam (ein Vorläufer-Film stammt aus dem Jahr 2009) ist der reale Planet Erde in einem apokalyptischen Zustand. Der ehemalige Soldat Jake Sully hat sich in ein Künstliches Neuronales Netz »uploaden« lassen, hat sich dann mit seinem Avatar (also seinem vormaligen virtuellen Stellvertreter) vereinigt und lebt mit seiner aus humanoiden Wesen bestehenden »Familie« in einer märchenhaften Wasserwelt auf einem Ersatzplaneten namens Pandora. Alle vier genannten Filme haben eine immense suggestive Kraft. Ihnen gemeinsam ist, dass sie die Erde als einen Planeten darstellen, auf dem das Leben entweder nicht mehr erträglich oder nicht mehr möglich ist: wegen Redundanz und Langeweile (*The Truman Show*), wegen kalter Unmenschlichkeit (*Matrix*), wegen Verslumung (*Ready Player One*) oder sozialökologischer Zerstörung (*Avatar*).

115 Zwei Beispiele von vielen sind *Fortnite*, das derzeit bei unter 18-Jährigen meistgespielte Videospiel; außerdem das weltweit erfolgreiche Ego-Shooter-Spiel *The Last of Us*, das 2013 auf den Markt kam. Beide Spiele spielen in einer postapokalyptischen Welt. *The Last of Us* wurde kürzlich für den Sender Sky verfilmt (siehe *Der Spiegel* Nr. 3, 2023).

116 Platon: Politeia.

117 Die Täter der Anschläge in Winnenden, Erfurt und Halle waren intensive Videospieler. Der Täter von Halle hat seine Taten mit einer an seinem Körper fixierten Kamera aufgenommen und direkt (simultan!) über »Twitch«, die wichtigste Internet-Plattform für Gamer, ins Internet übertragen.

118 Ein Beispiel für die quasi hypnotische Wirkung (im Sinne eines unbewussten Auftrages) war die Hitlerjugend (HJ). Sofort nach seiner Machtergreifung ließ Hitler Jahrgang um Jahrgang Hunderttausende von Halbwüchsigen Härte, Disziplin und Kampf einüben. Ohne die in die Hitlerjugend über mehrere Jahre infundierten Suggestionen hätte Hitler 1939 keine kriegsbereite junge Generation zur Verfügung gehabt, die er dann im Krieg verheizen konnte. Interessant sind die Befunde des Freiburger Sozialwissenschaftlers Dr. Stephan Marks, der in Interviews mit noch lebenden Zeitzeugen analysierte, was die Hitlerjugend für die damaligen Jungs so attraktiv machte. Sein Befund war, dass die HJ für die meisten Jungs ein Zufluchtsort war, weg aus einer stark belasteten realen Kindheit – eine frappierende Parallele zur Realitätsflucht unserer Tage. Siehe Stephan Marks: Warum folgten sie Hitler? – Die Psychologie des Nationalsozialismus (3. Aufl. 2014, Patmos).

119 Die auf dem Streamingportal »Twitch« meistgespielten Spiele sind das Kampf- und Schlachtenspiel *League of Legends* (119 Millionen Stunden monatlich), *Grand Theft Auto*, ein Spiel, in dem die Spielenden alle Arten von kriminellen Handlungen begehen können, Mord inklusive (105 Millionen Stunden monatlich), *Valorant*, ein Ego-Shooter-Spiel, in dem zwei gegeneinander spielende Spielergruppen versuchen müssen, sich gegenseitig abzuknallen (102 Millionen Stunden monatlich), *Counterstrike*, wo Terroristen gegen Antiterroreinheiten kämpfen (56 Millionen Stunden monatlich) und *Fortnite*, ein auf einer Insel spielendes Überlebens-Shooter-Spiel (52 Millionen Stunden monatlich). Referenzmonat: Juni 2022. Siehe *Der Spiegel* vom 31.8.2022.

Das erfolgreiche Videospiel *Minecraft* sticht durch seine relative Zivilität heraus, weil es die Spieler mit dem Abbau von Rohstoffen (»Mining«) und deren Weiterverarbeitung (»Craft«) beschäftigt. Allerdings wird auch hier geschossen.

120 Im Einführungs- bzw. Lernmodus wird bei *Fortnite* gegen Zombies gekämpft, im »Battle-Royale«-Modus gegeneinander.

121 Einer meiner Patienten berichtete mir von seinem 16-jährigen Sohn, dem er eine Anlage zum Videospielen geschenkt hatte, weil er zu diesem Zeitpunkt eine recht gute Beziehung zu ihm hatte und darauf vertraute, dass der Sohn nicht abhängig werden würde. Er vertraute ihm und hatte ihm erlaubt, bis zu einem Betrag von € 50,- monatlich In-Game-Käufe zu tätigen. Nach wenigen Monaten erhielt der Vater einen Anruf von der Bank, ob er wisse, dass der Kreditrahmen seines Kontos von € 5.000.- ausgeschöpft sei und irgendjemand wiederholt mit seiner Kreditkarte versucht habe, das Konto weiter zu belasten.

122 Ein extrem erfolgreiches Spiel dieser Art ist *Call of Duty*. Im Spiel *Arena 3 Military Simulation* wird ein Krieg der NATO gegen den Iran simuliert. Dieses Spiel ist in der Darstellung der verwendeten Waffensysteme extrem realistisch gehalten.

123 Sebastian Leber im Berliner *Tagesspiegel* vom 12. 11. 2022. Online siehe https://www.genios.de/presse-archiv/artikel/TSP/20221112/horror-im-kinderzimmer/doc7nkqdy6sl9k1j1m663h4.html.

124 Kahnemann (2012).

125 Berliner *Tagesspiegel* vom 25.8.2022.

126 Stephenson (1992; deutsche Übersetzung 2002).

127 Der Roman spiegelt die Vorstellung einer (post-)apokalyptischen Welt wider, die sich durch viele weitere Science-Fiction-Romane, vor allem dann aber durch viele Videospiele und Filme zieht, wodurch sich die in den USA reale Verelendung und die ihr zugrunde liegende rücksichtslose Gesellschaftsordnung als antizipiertes Zukunftsmodell über die ganze Welt verbreiteten.

128 Metaversum-Spezialbrillen haben ein Aussehen, das zwischen einer bombastischen Skibrille und einem Motorradhelm angesiedelt ist.

129 *Süddeutsche Zeitung* vom 12. Oktober 2022.
130 *Der Spiegel,* Ausgabe 25 (2022).
131 Bei *Decentraland* heißt die Währung zum Beispiel »Mana«, bei *Sandbox* heißt sie »Sand«.
132 In Metaversen vertreten sind unter anderen die Firmen Nike, Walmart, Tinder (Partnervermittlung) und eine Brillenhersteller-Kette.
133 Lacey und Koll. (2022).
134 Gorisse und Koll. (2021).
135 Seinfeld und Koll. (2018).
136 Halan, S. und Koll. (2019).
137 Banakou, D. und Koll. 2020).
138 Slater und Koll. (2020).
139 *Spiegel* online, 6. Februar 2022.
140 *Der Standard,* 17./18. September 2022.
141 Slater und Koll. (2020).
142 Slater und Koll. (2020).
143 Lesenswerte Übersichten zur Geschichte des Transhumanismus finden sich bei Axel Lange (2021) sowie bei Can Heval Cokyasar (2022).
144 Julian Huxley war ein englischer Biologe. Er war Anhänger der Eugenik, die darauf abzielt, dass sich nur Menschen mit angeblich »guten« Genen vermehren sollten. Huxley war Präsident der britischen Eugenics Society. Er war nach dem Zweiten Weltkrieg erster Generalsekretär der UNESCO. In einem 1946 veröffentlichten Buch mit dem Titel *Unesco: Ihr Zweck und ihre Philosophie* schrieb Julian Huxley: »Unsere erste Aufgabe muss darin bestehen, den Begriff der erwünschten und unerwünschten Richtungen der Evolution zu klären. … Während Vielfalt an sich wünschenswert ist, kann die Existenz von Schwächlingen, Narren und moralisch unzulänglichen Personen nur schlecht sein.« 1957 veröffentlichte er unter dem Titel *New Bottles for New Wine* einige Essays. Das Buch startete mit einem Text, der die Überschrift »Transhumanismus« trug. Hier schrieb Huxley: »Die Qualität der Menschen, nicht einfach ihre Zahl, muss unser Ziel sein.«
145 Siehe u. a. *FAZ* vom 2. Sept. 2022. Zu den »Digitalen Kardinälen« (im Sinne von Kapitel 1) im weiteren Sinne zählen außer Elon Musk und Peter Thiel auch Mark Zuckerberg, Sam Altman, Ray Kurzweil, Nick Bostrom und einige weitere.
146 Grundlage des in diesem Kapitel entwickelten Diskurses ist die 2022 erschienene englische Erstausgabe von David Chalmers' monumentalem

Werk. Alle Seitenangaben beziehen sich auf diese englische Ausgabe. Im Juni 2023 wird eine deutsche Ausgabe erscheinen.

147 Siehe nochmals Fußnote 146.

148 David Chalmers entwickelte, aus seiner philosophischen Perspektive, den Begriff des »Extended Self«, der eine überraschende Kompatibilität mit neurowissenschaftlichen und psychologischen Erkenntnissen aufweist. Während er vor allem Gegenstände wie Notizbücher oder Smartphones als Beispiele für ein Extended Self nannte, habe ich untersucht, inwieweit signifikante Mitmenschen eine Art erweitertes Selbst sein können, zum Beispiel die Mutter für das kleine Kind oder ein(e) Partner(in) für den (die) Partner(in) in einer Partnerschaft. Ausführungen dazu finden sich vor allem in meinem Buch *Wie wir werden, wer wir sind. Die Entstehung des menschlichen Selbst durch Resonanz.*

149 »The avatar is a virtual body that's perfectly real. … The virtual objects and the virtual events aren't ordinary physical objects, but they are real at the same time.« (Chalmers 2022, S. 194)

150 »Virtual objects are digital objects.«(Chalmers 2022, S. 197) »All this supports the conclusion that while virtual reality isn't the *same* as ordinary physical reality (at least, not unless physical reality is itself a simulation), it's a genuine reality all the same.« (Chalmers 2022, S. 202) Hinweis: Chalmers verwendet die Begriffe »Virtual realism« (S. 192 und ff.) und »Virtual digitalism« (S. 194 ff.) synonym.

151 Chalmers 2022, S. 196–197.

152 »Biology in our world is realized by chemistry, and chemistry is realized by physics.« (Chalmers 2022, S. 417)

153 »It seems likely that biological mechanisms can be simulated. With a good enough technology, a simulation of your cat might be indistinguishable from the original. ... What goes for cats, goes for people. Human biology could well be simulated.« (Chalmers 2022, S. 33)

154 »Human behavior is caused by the human brain, and the brain seems to be a complicated machine.« (Chalmers 2022, S. 33)

155 »Evidence suggests that we may not have Free Will. Our brains seem to be mechanical systems that determine our actions…« (Chalmers 2022, S. 424)

156 Zum Bewusstsein, das er, insoweit durchaus überzeugend, als »subjective experience« und als »inner movie capturing how my life seems from the first-person point of view« definiert (S. 277), äußert sich Chalmers an unterschiedlichen Stellen seines Buches sehr unterschiedlich. Er erkennt an, dass »knowledge of conscious experiences seems to go beyond knowledge of brain processes« (S. 282) und konstatiert hellsichtig: »Perhaps consciousness is itself fundamental« (S. 283). An anderer Stelle äußert er: »Conscious experiences *can* be mathematically be described; … But conscious experience seems to go beyond a mathematical description.« (S. 411) Andererseits argumentiert Chalmers, »that simulated beings will be as conscious as their nonsim counterparts.« (Chalmers 2022, S. 93) Daher unterstellt er nach durchgeführtem »Mind Uploading«: »Your brain will be entirely replaced by a simulation. … If the simulation is working well, you'll say you are conscious.« (Chalmers 2022, S. 289)

157 «The same sort of conscious experiences might be had in systems made of very different substrates: neurons, silicon chips, even green slime.« (Chalmers 2022, S. 159)

158 »We may construct reasonably accurate simulations of human brains and behavior. … We'll have to take seriously the idea that the simulated brains are themselves conscious and intelligent. After all, a perfect simulation of my brain and my body will behave exactly like me.« (Chalmers 2022, S. 22, 23)

159 »Mind uploading: the attempt to transfer our minds from a biological brain to a digital computer. Many people see this as our best hope for achieving a sort of immortality. … For uploading to work as a path to immortality, it's crucial that the uploaded system be conscious.« (Chlamers 2022, S. 276, 277)

160 »I'd prefer to do it by gradual uploading. That seems the best bet for surviving the process and coming out conscious on the other side.« (Chalmers 2022, S. 293)

161 »What happens when we upload a brain into a computer simulation? … We replace neurons one at a time by chips. We try to ensure that a new chip interacts with surrounding elements in just the same patterns of cause and effects that the old neuron did. … The chip system and the simulation will have the same sort of conscious state that the brain did.« (Chalmers 2022, S. 397, 398)

162 Chalmers 2022, S. 293.

163 Übersetzt von JB (Chalmers 2022, S. 276).

164 Übersetzt von JB (Chalmers 2022, S. 311).

165 Dies ist metaphorisch gemeint. Das Buch ist in großer Schrift gedruckt und enthält nichts Kleingedrucktes.

166 Übersetzt von JB (Chalmers 2022, S. 361).

167 »How will unemployed people pay for their virtual worlds? At a minimum, some sort of universal basic income will be required.« (Chalmers 2022, S. 362)

168 Übersetzt von JB (Chalmers 2022, S. 363, 364). Wenige Sätze weiter äußert Chalmers: »If our world transitions to one with Virtual Reality and Artificial Intelligence at the center, we can reasonably expect the transition to restructure society. This will certainly lead to political upheaval, and perhaps to political revolution.« (Chalmers 2022, S. 354)

169 Übersetzt von JB (Chalmers 2022, S. 124).

170 Die mechanistischen Vorstellungen eines handwerklich tätigen Schöpfergottes wurden in der modernen Theologie des Christentums, sowohl auf katholischer als auch auf protestantischer Seite, aufgegeben (siehe dazu unter anderen Lang, 2019). Religiöse Fundamentalisten aller Religionen bestehen auf den alten Modellen. Hier ist nicht der Ort, dies weiter zu vertiefen.

171 »1. You can't know you're not in a simulation. 2. If you can't know you are not in a simulation, you can't know anything about the external world. 3. So: You can't know anything about the external world.« (Chalmers 2022, S. 56) Die Nummerierung der drei Glaubenssätze stammt von Chalmers.

172 »Our simulator sets out to simulate physics by executing some algorithm that simulates the structure of physics.« (Chalmers 2022, S. 172)

173 »Photons and quarks are defined in physics by the mathematical roles they play and by their connections to observations. Photons are what play the photon role. Quarks are what play the quark role. … If we are in a simulation, photons are digital entities. ... A certain pattern of bits plays the mathematical role of a photon and generates our observation.« (Chalmers 2022, S. 176, 177)

174 »We are probably sims.« (Chalmers 2022, S. 91, 98) »We are probably created.« (S. 134)

175 »Bostrom's version says simply *We are living in a computer simulation.* Mine says, *We are and always have been in an artificially designed computer simulation of a world.*« (Chalmers 2022, S. 29) Siehe auch Bostrom (2003).

176 Das Zitat von Musk findet sich bei Chalmers (2022) auf Seite 83.

177 Chalmers (2022), S. 118.

178 »A *top level* population is one that wasn't created by anyone (except perhaps by a cosmic god).« (Chalmers 2022, S. 134)

179 »Does there have to be an unsimulated simulator at the top of the chain? It's highly intuitive that there must be a fundamental level with unsimulated reality.« (Chalmers 2022, S. 142)

180 Chalmers 2022, S. 85.

181 Ein Beispiel dafür wäre das sogenannte Gaslighting.

182 Kant (1784).

183 Zur Frage des Bewusstseins siehe Koch und Koll. (2016), Koch (2020), Singer (2019), Irrgang (2014, 2021), Spiekermann (2022).

184 Darüber nachzudenken, ob Dinge wie zum Beispiel Steine ein Bewusstsein haben, überlasse ich den Dichtern und Philosophen.

185 Mayr (2004).

186 »Intrinsisch« ist eine Eigenschaft, die von Anfang an zu einem Subjekt oder Objekt gehört und ihm nicht erst hinzugefügt werden musste. Bereits die Samenzellen und das Ei, aus deren Vereinigung der Fötus hervorgeht, haben ein Welt-Interesse: Samenzellen legen ungeheure Wege zurück, um zum Ei zu kommen, das Ei hat Welt-Interesse an der Samenzelle.

187 In meinem erstmals 2005 erschienenen Buch *Warum ich fühle, was du fühlst* habe ich den Gedanken formuliert, dass das In-Beziehung-Gehen lebender Systeme mittels Resonanz, metaphorisch gesprochen, das »Gravitationsgesetz lebender Systeme« sei. Diesen Gedanken griff der von mir sehr geschätzte Hartmut Rosa einige Jahre später in seinem Erfolgsbuch *Resonanz*, in dem er mich freundlicherweise dann auch zitierte, wieder auf.

188 Man könnte »Welt-Interesse« eventuell als »unbewusstes Bewusstsein« bezeichnen.

189 Lagercrantz und Changeux (2009).

190 Siehe dazu mein Buch *Wie wir werden, wer wir sind. Der Entstehung des menschlichen Selbst durch Resonanz.*

191 Der Entwicklung des Selbst habe ich ein eigenes Buch gewidmet (*Wie wir werden, wer wir sind. Die Entstehung des menschlichen Selbst durch Resonanz*).

192 Barsalou (2020).

193 Bei diesem Wachmacher-System handelt es sich um das »Ascending Reticular Arousal System« (ARAS). Es ist nicht nur aktiv, wenn wir wach sind, sondern hält die Hirnrinde auch während des Schlafes auf vermindertem Niveau »am Laufen«. Es ist eine Art »ewiges Licht« (solange eine Person lebt). Das ARAS ist eine notwendige, aber keine hinreichende Bedingung für Bewusstsein.

194 Diese kurzen, strauchartig verzweigten Nervenfasern heißen Dendriten.

195 Die *eine* lange Nervenfaser wird als Axon bezeichnet.

196 Parieto-temporaler Cortex (von Lateinisch Paries = Seitenwand, im Deutschen: Scheitelregion; Lateinisch Tempus = Schläfe). Der parietotemporale Cortex liegt im oberen Bereich der hinteren Gehirnhälfte.

197 Koch (2020).

198 Da das Erleben, Fühlen und Empfinden ein Wesenselement von Bewusstsein ist, war (und ist) die neurowissenschaftliche Bewusstseinsforschung vor allem auf die fünf Sinne gerichtet. Aus messtechnischen Gründen eignet sich das System, das Gehirne zum Sehen verwenden, besonders gut für die Bewusstseinsforschung. Der Fokus auf der Erforschung der Wahrnehmungen, die wir mit den fünf Sinnen machen, macht Sinn, blendet aber aus, dass zum Bewusstsein auch die Wahrnehmung des eigenen Körpers gehört, zum Beispiel die Wahrnehmung der Atmung, des Herzschlages, der Spannung der Muskulatur oder das Erleben von Stress. Gerade die Eigenwahrnehmung ist für das Bewusstsein von besonderer Bedeutung, lässt sich aber weit schwerer messen als Sinneswahrnehmungen.

199 Christof Koch und Kollegen bezeichnen diesen Mechanismus als »Re-Entry-Connectivity«, siehe Koch und Koll. (2016).

200 Kouider und Koll. (2013). Auch hier wurden die Beobachtungen allerdings nur im visuellen System gemacht. Die neuronale Rückmeldeschleife im visuellen System konnte im fünften Lebensmonat festgestellt worden. Frühere Rückmeldeschleifen sind mit Sicherheit anzunehmen. Dass Säuglinge schon bei Geburt ein Basisbewusstsein (»Basic Consciousness«) haben, ist unbestritten (Lagercrantz und Changeux, 2009).

201 Diese Aufzählung ist unvollständig. Man denke an Durst, Hunger, Harn- und Stuhldrang, Müdigkeit etc.

202 Gray und Koll. (1989), Singer (1999). Die Arbeit Gray und Koll. entstand in der von Wolf Singer geleiteten Arbeitsgruppe. Die gemeinsamen Oszillationen entfernter Areale sind selbstverständlich keine Metaphysik, denn alle Areale der Hirnrinde sind miteinander durch Nervenfasern verbunden. Dass sie miteinander durch Hardware verbunden sind, impliziert per se aber noch nicht, dass sie im Sinne einer Integration funktional miteinander tätig werden.

203 Wie bei einer sogenannten offenen Gruppe, wo Einzelne die Gruppe immer wieder verlassen können, gleichzeitig neue Teilnehmer dazukommen, die Teilnehmerzahl aber zu jedem Zeitpunkt in etwa gleich bleibt.

204 Koch (2020). »Kausale Kraft« sei, so der kalifornische Bewusstseinsforscher Christof Koch, die Fähigkeit, »sich selbst und andere zu beeinflussen«. »Ein System« müsse, so Koch, »um für sich selbst existieren zu können, eine kausale Kraft auf sich selbst ausüben…. Sein gegenwärtiger Zustand muss durch seine Vergangenheit beeinflusst sein und seine Zukunft beeinflussen können.«

205 Mit der nachgewiesenen Beeinflussung von Bewusstseinsprozessen auf die Aktivierung von Entzündungsgenen habe ich mich in meinem letzten Buch *Das empathische Gen* befasst.

206 Schino und Koll. (2023).

207 Singer (2019).

208 Zur Nomenklatur: »Nervenzelle« und »Neuron« sind zwei Worte für dasselbe. Miteinander verbundene Nervenzellen bilden ein Netzwerk.

209 »Künstliche Neurone« sind Recheneinheiten. Das Ur-Modell einer solchen Recheneinheit wurde 1943 von Warren McCulloch und Walter Pitts entwickelt. Die McCulloch-Pitts-Zelle hatte *mehrere* Eingangsbahnen (bei einer Nervenzelle wären das die »Dendriten«), aber nur *eine* Ausgangsbahn (bei einer Nervenzelle wäre dies das »Axon«). Die Rechenknoten in modernen KNN sind Weiterentwicklungen der McCulloch-Pitts-Zelle. Über die Eingangsbahnen empfängt die künstliche »Nervenzelle« Impulse verschiedener Stärke, die als mathematische Größen (Zahlen) abgebildet werden können. Auch hemmende Inputs sind möglich. Die über die Eingangsbahnen zugeführten Erregungen werden miteinander verrechnet, worauf es über die Ausgangsbahnen zur Abgabe von Impulsen an die Rechenknoten der nachfolgenden Schicht (des nachfolgenden »Layers«) kommt. Die ausgehenden Impulse werden ebenfalls mathematisch, also als Zahlenwerte, abgebildet. Physisch implementiert sind die Recheneinheiten (»Neuronen«) durch Computerchips.

210 Dieses Verbindungsmuster ist das meistangewandte, aber es gibt Ausnahmen: Im Prinzip kann man die »Neuronen« einer Schicht auch mit nur einem *Teil* der »Neuronen« der nächsten Schicht oder mit Neuronen der *übernächsten* Schicht verbinden. Man kann auch Verbindungen mit der vorhergehenden Schicht zulassen (rekurrente Netzwerke).

211 Damit sie dem Künstlichen Neuronalen Netz zugeführt werden können, müssen die Daten in ihrem Format zunächst vorverarbeitet werden, damit das Netz sie aufnehmen kann.

212 Die Beziehungen, in die das gefütterte Datenmaterial vom Computernetzwerk zueinander gesetzt wird, sind vor allem Wahrscheinlichkeitsbeziehungen: Was gehört zu was? Was hängt mit was zusammen? Zum Beispiel: Welcher Buchstabe folgt auf welchen Buchstaben, welches Wort auf welches Wort?

213 Forschungsansätze zielen darauf, hier etwas Einblick zu gewinnen. Angesichts der überwältigenden Komplexität des inneren Systems sind dem aber Grenzen gesetzt.

214 Mit der »Fütterung« der KNN ist in erheblichem Umfang auch ein Zugriff auf urheberrechtlich geschütztes Material von Verlagen verbunden. Die sich hier stellenden rechtlichen Fragen sind noch völlig ungeklärt. Siehe dazu *FAZ*, 27. Februar 2023.

215 Die Prozeduren eines KNN sind in allen hier dargestellten Aspekten sehr komplex. Sie konnten hier nur sehr vereinfacht dargestellt werden.

216 Meine Ausführungen zu der KI und zu den KNN wurden durch Experten gegengecheckt. Leserinnen und Leser, die sich damit weiter beschäftigen wollen, finden lesenswerte Literatur bei Koch (2019), Mittelstadt und Koll. (2016), Spitzer (2021), Goerttler und Siebeck (2022), Grunwald (2022), Drechsler (2022), Lenzen (2019, 2022), Bender und Koll. (2021), Spiekermann (2022), Sharma und Koll. (2022).

217 Die Annahme, dass generative AI-Systeme wie Chat-GPT »auch nur kleinste Spuren von Bewusstsein« besitzen, nannte Holger Hoos, Professor für Künstliche Intelligenz an der RWTH Aachen, kürzlich beim Weltwirtschaftsforum in Davos Anfang 2023 »völlig abwegig«.

218 Simanowski (2022).

219 Sharma und Koll. (2022).

220 Zum Thema Resonanz siehe Kapitel 2.

221 Entwicklungen haben sich oft aus dem bisher Undenkbaren ergeben. Als Max Planck nach dem Abitur einem Physikprofessor erzählte, er wolle Physik studieren, riet dieser ihm davon ab mit der Begründung, alles Wesentliche sei schon erforscht. Was hätte ein Chat-GPT im Jahre 1900 zu den Grundaussagen der Quantenphysik von sich gegeben?

222 Tatsächlich sind in zahlreichen Ländern der Erde durch professionelle Dienstleister aus England, Israel und aus Russland Unruhen ausgelöst, politische Systeme destabilisiert und Wahlen beeinflusst worden. Dieser Umstand war dem *Spiegel* eine Titelgeschichte wert (*Spiegel* Nr. 8 vom 18. Februar 2023).

223 Bender, Gebru und Koll. (2021).

224 Das Erfordernis der sozial geteilten Wirklichkeit gilt, auch wenn das zunächst kontraintuitiv erscheint, in gleichem Maße für naturwissen-

schaftliche Messungen! Damit Messungen als »objektiv« angesehen werden können, ist die übereinstimmende Wahrnehmung mehrerer Wissenschaftler:innen notwendig. Nur deshalb fordert der wissenschaftliche Standard, dass wissenschaftliche Experimente von anderen Wissenschaftler:innen mit den gleichen Ergebnissen wiederholt werden können.

225 Asch (1956).

226 Ovid, ein Dichter des klassischen Römischen Reiches, lebte von 43 vor Christus bis 17 nach Christus.

227 Über die Gründe der Unfähigkeit des Narziss zu lieben, lässt sich die Sage nicht aus, sie gibt aber einen Hinweis: Die Mutter wurde mit Narziss schwanger, nachdem sie von einem Flussgott vergewaltigt worden war. Man darf annehmen, dass die Gewalttätigkeit des Vaters und das Schicksal der Mutter keine guten Voraussetzungen für eine liebevolle Kindheit waren.

228 Krizan und Herlache (2017), Edershile und Wright (2021).

229 Einen klassischen Werdegang dieser Art schilderte eine Nichte von Donald Trump, von Beruf klinische Psychologin, für den Fall ihres Onkels (Mary L. Trump, 2020).

230 Der Evolution und den Funktionsmechanismen des Erbgutes (Genoms) war mein Buch *Das kooperative Gen* gewidmet. Ich war in meinen jungen Jahren selbst viele Jahre im Bereich der Genforschung tätig.

231 Selbstverständlich trete ich dafür ein, die Genforschung weiterzutreiben und beispielsweise zu untersuchen, ob durch gezielte Eingriffe die Weitergabe von Erbkrankheiten unterbunden werden kann. Eingriffe dieser Art sind aber ungemein komplexe Unterfangen, die hohe Kompetenz und Augenmaß erfordern und keine Propaganda vertragen.

232 Friedrich Schiller: *Ode* (1785).

233 Rumpf und Koll. (2017), Spitzer (2022b).

234 Bereits die Corona-Epidemie ließ eine erstaunliche Ignoranz deutlich werden, die sich die Menschheit geleistet hat, obwohl eine wissenschaftliche Studie eine Corona-Epidemie ausdrücklich vorhergesagt hatte (siehe Details dazu in meinem Buch *Fühlen, was die Welt fühlt*). Eine vielleicht noch viel folgenschwerere Ignoranz leisten wir uns nach Aussagen zahlreicher Wissenschaftler:innen bezüglich eines möglichen längerfristigen Ausfalls des Internets durch Sonnenwinde beziehungsweise Sonnenstürme.

235 Nur als ein Beispiel unter vielen die Titelgeschichte der *Spiegel*-Ausgabe 10 (2023): »Künstliche Intelligenz: Die neue Weltmacht«.

236 Um allen Kindern, vor allem Kindern mit Migrationshintergrund, eine gute Entwicklung, vor allem im sprachlichen und sozialemotionalen Bereich, zu garantieren, trete ich für eine Kita-/Kindergartenpflicht ab dem dritten oder vierten Lebensjahr ein.

237 Bauer und Koll. (2006, 2007), Bauer (2007), Unterbrink und Koll. (2007, 2008, 2010), Rose und Koll. (2010), Zimmermann und Koll. (2011), Braeunig und Koll. (2018), Münchhausen und Koll. (2021). Siehe auch den von mir verfassten kleinen Taschenbuch-Reader *Lob der Schule*.

238 Die Bedeutung der Präsenz von schulischen Lehrkräften für die kognitive Entwicklung von Schülerinnen und Schülern zeigte eine jüngst vorgelegte Studie von Breit und Koll. (2023).

239 Der Buchtitel lautet *Arbeit – Warum sie uns glücklich oder krank macht* (Heyne 2015).

240 Das Zeitalter der Industrie 1.0 begann etwa 1800 und betraf die Arbeit an ersten Maschinen (Dampfmaschinen), Webstühlen und mechanischen Produktionsanlagen. Es war die Zeit des Kohleabbaus und der aufkommenden Schwerindustrie. Als Industrie 2.0 wird die Zeit ab Ende des 19. Jahrhunderts bezeichnet, als die Elektrizität als Energieträger eingeführt wurde. Mit der Industrie 2.0 begannen die Kraftfahrzeugherstellung, die Arbeit am Fließband und die Akkordarbeit. Das Zeitalter Industrie 3.0 begann Mitte des 20. Jahrhunderts mit der Einführung erster Computer und dem Aufkommen moderner Maschinen (Produktionsmaschinen, auf Konsumentenseite Elektrogeräte u. a.). Als Industrie 4.0 wird das Zeitalter der elektronischen Datenverarbeitung, der elektronischen Steuerung von Produktionsabläufen und der Robotik bezeichnet.

241 Ein zur Erfassung dieses Faktors entwickeltes wissenschaftliches Instrument ist das vom Arbeitspsychologen Johannes Siegrist entwickelte Effort-Reward-Imbalance (ERI)-Inventar das auch meine Arbeitsgruppe bei unseren Forschungen über viele Jahre eingesetzt hat.

242 Zur Sesshaftwerdung des Menschen, zu der sogenannten Neolithischen Revolution und mit ihr zusammenhängenden anthropologischen Fragen kooperiere ich seit zehn Jahren mit Archäologen, siehe Bauer und Benz (2013), Benz und Bauer (2021)(unvollständige Aufzählung).

243 Der Beziehung zwischen Natur und Mensch habe ich mein Buch *Fühlen, was die Welt fühlt* gewidmet (Heyne 2023).

244 Lederbogen und Koll. (2011), Bratman und Koll. (2015), Tost und Koll. (2015, 2019), Marselle und Koll. (2020).

245 Menschen, die in Großstädten geboren sind, haben ein um 300 % erhöhtes Risiko, an einer Schizophrenie zu erkranken.

246 Die Grundbaupläne sind amorph (Beispiel Schwämme), radialsymmetrisch (Beispiel Seesterne) oder bilateral (Beispiel Fische, Reptilien, Säugetiere). Der Evolution aus Sicht der modernen Genforschung ist mein Buch *Das kooperative Gen* gewidmet (Heyne 2010).

247 Den Begriff des Natural Genetic Engineering prägte der Molekularbiologe James Shapiro, siehe Shapiro (2011, 2022). Dass das Erbgut sich selbst umbauen kann, war eine Entdeckung von Barbara McClintock, die wegen ihrer Forschungsergebnisse von männlichen Kollegen lange angefeindet wurde. Joshua Lederberg sagte über sie: »This woman is either crazy or a genius.« 1983 wurde ihr der Nobelpreis verliehen.

248 Zum Beispiel beruhte die Entwicklung des Menschen aus den Vorfahren, die wir mit den heutigen Schimpansen gemeinsam haben, auf Genduplikationen von Genen, die Funktionen des Gehirns bedienen, wie der brillante Genetiker Evan Eichler herausfand. Die Details des Natural Genetic Engineering finden sich in meinem Buch *Das kooperative Gen* dargestellt.

249 Dieser Zelltypus hat den Namen eukaryontische Zelle.

250 Die im Rahmen der Endosymbiose aufgenommenen Bakterien wurden zu Mitochondrien, zu den »Energiefabriken« der Zelle.

251 Das Prinzip der Auslese galt im Grunde von Anfang an, war aber verborgen. Neue Variationen von Leben, die nicht lebensfähig waren, mussten jedoch nicht erst verdrängt werden oder einer Auslese zum Opfer fallen, sie waren, wie die Fachliteratur es ausdrückt, »dead on arrival«.

252 Malthus (1798).

253 Kropotkin (1902).

254 Sigmund Freud formulierte seinen Todes- oder Aggressionstrieb erstmals 1920, unter dem Eindruck des verlorenen 1. Weltkrieges, den er bei Ausbruch noch freudig begrüßt hatte. Konrad Lorenz, der in seinem Werk *Das sogenannte Böse* den Aggressionstrieb zur Grundmotivation des Menschen erklärte, bezog sich ausdrücklich auf Freud. Details zur Vorgeschichte des Rassismus und des Aggressionstriebes habe ich in *Prinzip Menschlichkeit – Warum wir von Natur aus kooperieren* (Heyne 2008) zusammengefasst. Dort habe ich auch Darwins Position zum Thema Aggression mit Nennung der Quellen dargelegt.

255 Der Aggression und dem Ursachen-Hintergrund psychopathischer Aggression galt mein Buch *Schmerzgrenze – Vom Ursprung alltäglicher und globaler Gewalt* (Heyne 2013).

256 Holt-Lunstad und Koll. (2010).

257 Eine Zusammenfassung der Ergebnisse des noch jungen Forschungsgebietes der sogenannten Social Genomics findet sich in *Das empathische Gen* (Herder 2021).

Register

JOACHIM BAUER

»Joachim Bauer öffnet uns die Augen dafür, dass wir die ökologische Krise nur bewältigen können, wenn wir die Natur als unverzichtbaren Resonanzraum begreifen.«
Hartmut Rosa

978-3-453-60639-5

Zivilisation und Kultur sind Errungenschaften, hinter die niemand zurückwollen kann. Joachim Bauers These: Für die Bewahrung unserer Welt ist die Wiederherstellung einer empathischen Beziehung zu unserer natürlichen Umwelt zwingend erforderlich. Denn Menschen können nur retten, was sie lieben.

Leseprobe unter **www.heyne.de**

HEYNE ‹

JOACHIM BAUER

»Joachim Bauers Buch ist so ausdrucksstark und bildhaft geschrieben, dass es für jeden interessierten Leser einen Gewinn verspricht.« *Dr. Elmar Reuter, Deutsches Ärzteblatt*

»Ein wissenschaftlicher Wegweiser in eine menschliche Richtung – Pflichtlektüre für Eltern, Großeltern, Lehrer und Politiker.« *Südkurier*

978-3-453-60563-3

978-3-453-60083-6

Leseprobe unter **www.heyne.de**

HEYNE

JOACHIM BAUER

»Ein ebenso psychologisches wie philosophisches Buch, getragen von der Zuversicht, dass wir unser Leben ändern können.«
P.M. Magazin

»Joachim Bauers Topographie der Vielfalt menschlicher Beziehungsphänomene gewinnt mit jedem Buch überraschend neue und noch klarere Konturen.«
Traugott Schächtele, Pfarrvereinsblatt

978-3-453-60468-1

978-3-453-60354-7

Leseprobe unter **www.heyne.de**

HEYNE

JOACHIM BAUER

»Gute Argumente, solide Forschungsergebnisse und eine leichte Feder machen das Buch zu einem spannenden Lesevergnügen.«
Deutschlandradio

»Sein Buch definiert und erklärt Aggression durchgängig plausibel. Dabei bleibt der Autor einer humanistischen Tradition verpflichtet.«
Psychologie Heute

978-3-453-60133-8

978-3-453-60258-8

Leseprobe unter **www.heyne.de**

HEYNE

JOACHIM BAUER

»Das Buch ist ein großes Pionierwerk, das das Verständnis der menschlichen Psyche revolutioniert.«
Psychologie Heute

»Es ist der Glücksfall eines wissenschaftlichen Sachbuches, wenn es einen hochkarätigen Forscher gibt, der neue Forschungsergebnisse in einer für jeden Leser verständlichen und flüssigen Sprache darstellen kann.«
Deutschlandradio

978-3-453-61501-4

978-3-453-63003-1

Leseprobe unter **www.heyne.de**

HEYNE